核心观点

1. 通过对欧洲经贸环境评估框架的构建，计算得到欧洲各国经贸环境指数。我们发现欧洲国家经贸环境表现出西欧国家整体优势明显、南欧和北欧国家居中、中东欧国家有待改善的格局，各国在各分项中的表现不一。中国与欧洲国家双边关系表现出和西欧与部分中东欧国家最好、北欧和南欧国家次之、部分中东欧国家有待加强的格局，与各国在各分项关系方面的合作力度也不尽相同。

2. 欧洲36个国家经贸环境评估体系包括行政环境、宏观经济环境、贸易环境、金融环境、投融资环境、基础设施、社会环境以及创新能力，其中基础设施方面均值最低。建议针对双边关系，在分析该国经贸环境及各方面优劣势的基础上，结合中国与该双边关系现状，扬长避短，深入发挥该国优势环境，同时避开劣势环境，从而形成良性循环的互利共赢局面。

3. 通过对中欧双边关系评估框架的构建，计算得到中国与欧洲各国双边关系指数。我们发现在中国与欧洲36个国家双边关系评估体系中，政治关系、贸易关系、金融关系、投资关系以及人文交流指数得分的均值反映出政治关系均值最高、整体水平最好，投资关系次之的特点。建议中欧合作的科学路径可制定为以政治合作为基础，以基础设施为突破口，加大双边投资领域合作，提升欧洲地区基础设施水平以实现互联互通。此外中欧在金融方面的合作有待加强，找准重点国家发展成金融合作对象。

4. 中国与英国、荷兰、匈牙利、波兰、希腊、罗马尼亚、拉脱维亚、保加利亚、塞尔维亚、阿尔巴尼亚等国家双边关系水平较好，但上述国家经贸环境条件不足，与双边合作水平不匹配，在此情境下，应在双边合作中做好风险控制。此外，中国与瑞士、西班牙、比利时、卢森堡、挪威、爱尔兰、奥地利、葡萄牙、斯洛伐克、芬兰、塞浦路斯、黑山、斯洛文尼亚、克罗地亚、罗马尼亚、爱沙尼亚、冰岛、波黑等国家双边关系水平低于上述国家的经贸环境水平，双边合作存在进一步发展空间，可以作为深化中欧关系下一阶段关注与跟进的重点。

5. 从国别分析视角观察，中国与欧洲各国在细分领域的合作基本符合该国经贸环境现状。此外，存在相对不匹配的情况，这些都为中欧关系推进的科学性、可持续性以及风险预警能力提供了科学证据。扩展研究对象，进一步找准欧洲各国经贸环境强势领域以及中国与欧洲各国双边关系有待提升领域的交集，对于今后中欧关系的深化，特别是具体到国别合作显得至关重要。

编制说明

本报告通过欧洲国家经贸环境指数和中欧双边关系指数两项研究成果，全面、客观、科学地衡量欧洲36国经贸环境水平、中国与欧洲36国双边关系水平。在欧洲国家经贸环境指数方面，研究基于欧洲各国行政能力、宏观经济形势、贸易、金融、投融资、基础设施、社会发展状况、创新能力等指标数据，并运用计量模型科学计算指数，体现欧洲各国经贸环境发展程度，为中欧合作提供参考；在中欧双边关系指数方面，研究基于中国与欧洲各国在政治合作、贸易、金融、投资、人文交流等方面关系的指标数据，量化计算中欧双边关系指数，体现中欧双边关系的水平与进展。本研究用指数作为评价依据，指数数值分布从1至100，"1"表示最差，"100"表示最好，指数数值越接近于100越优越。

本报告通过建立"欧洲国家经贸环境"（横轴）以及"中国与欧洲国家双边合作"（纵轴）这两个指标体系，将中国与欧洲36个主要国家的经贸关系通过坐标图形象地展示出来，同时评估欧洲国家经贸环境以及中欧双边合作的动态关系。课题的创新之处是建立"中欧双边经贸关系坐标图"，一目了然地展示中欧经贸合作所取得的进展。

本报告以欧洲36个主要国家为研究样本，分别是丹麦、保加利亚、克罗地亚、冰岛、匈牙利、卢森堡、塞尔维亚、塞浦路斯、奥地利、希腊、德国、意大利、拉脱维亚、挪威、捷克、斯洛伐克、斯洛文尼亚、比利时、法国、波兰、波斯尼亚和黑塞哥维那、爱尔兰、爱沙尼亚、瑞典、瑞士、立陶宛、罗马尼亚、芬兰、英国、荷兰、葡萄牙、西班牙、阿尔巴尼亚、马其顿、马耳他、黑山。考虑到数据的可得性和比较研究的科学性，因此剔除了独联体国家（亚美尼亚、阿塞拜疆、白俄罗斯、摩尔多瓦、俄罗斯）、乌克兰及微型国家（梵蒂冈、安道尔、摩纳哥、列支敦士登、圣马力诺）。

本研究共运用100多个宏观指标数据，对欧洲国家经贸环境、中国与欧洲国家双边合作进行大数据计算，并结合数理模型进行指数计算和表达，意在全面、科学、客观地展现欧洲国家经贸环境、中国与欧洲国家双边合作水平。指标数据主要来源于世界银行、联合国贸发会议、联合国贸易等权威数据库，均采取最新版本进行数据分析及处理。与此同时，通过分析36个国家在坐标轴中所处的不同位置，为进一步发展中欧合作提供政策建议。

首先，报告建立"中欧双边经贸关系坐标图"的研究体系框架，具体设计如下：x轴为欧洲国家经贸环境指标体系。该指标体系将采用国际上权威的指数以及经济数据，通过计量的方式进行搭建。这样，既避免做大量的重复工作，又体现指标体系的权威性。具体采用的指标涵盖行政环境、宏观经济环境、贸易环境、金融环境、投融资环境、基础设施、社会环境、创新能力等领域，共计49个指标；y轴为中国与36个欧洲国家的双边合作指标体系。该指标体系涵盖双边在政治、贸易、金融、投资、人文交流等领域的合作，共计22个指标。

其次，在建立指标体系框架的基础上，运用计量经济模型对指标体系中世界银行数据库、联合国贸易数据库以及联合国贸发会议数据库指标数据进行欧洲36个国家经贸环境指数、双边关系指数的计算。计量模型采用因子分析法进行指标降维计算，采用Probit、Logit模型处理离散定性指标，采用DEA/AHP模型进行各指标权重的确定。

最后，基于各国家各分项指数计算结果，课题将分析36个欧洲国家在行政环境、宏观经济环境、贸易环境、金融环境、投融资环境、基础设施、社会环境、创新能力等领域的表现情况。此外，针对具体国家指数得分对其经贸环境的优劣势进行比较，并找出36个国家在经贸环境中的差距和不足，在此基础上为今后中欧合作机制的发展提供进一步的政策建议，并就有关合作进行风险提示。

本报告作为学术成果，依据数据说话，对所涉及的欧洲36国中的任何国家不持特定立场，研究成果也不代表任何官方立场。数据截止日期为2017年7月底。

本报告得到了中国社会科学院创新工程"欧洲经济竞争力研究"、登峰工程"欧洲经济学科重点建设"以及外交部"中欧关系指南针"项目的支持。报告用数据说话，不持任何官方观点和立场。

前　言

近年来，中国与欧洲国家合作取得丰硕成果，特别是在双边经贸领域合作逐渐发展与深化。衡量经贸合作进展离不开对合作对象经贸环境的评估以及对双边合作的综合评价。本报告通过可视化的方式，结合欧洲各国经贸环境、中国与欧洲各国双边关系体系的建立以及指数计算，对过去一年来中国与欧洲各国双边关系所取得的进展进行客观评估。

一、对欧洲国家经贸环境的评估。总体来看，德国经贸环境指数得分100，反映其经贸环境水平一家独大。紧随其后的是英国和法国。指数在50分以上的国家还有瑞士和荷兰。指数在50分以上的德国、英国、法国、瑞士和荷兰5个国家在欧洲遥遥领先，保持领先水平。经贸环境指数介于30～50之间的国家有意大利、西班牙、比利时、瑞典、卢森堡、捷克、挪威、奥地利、匈牙利、丹麦、爱尔兰等国。

经贸环境指数介于15～30之间的分别是芬兰、波兰、马耳他、葡萄牙、冰岛、斯洛文尼亚和爱沙尼亚，主要由北欧、南欧、中东欧国家组成。经贸环境指数15分以下的除重债国希腊和塞浦路斯外全为中东欧国家，这些国家普遍存在各方面得分均较低的特点，各国在提升经贸环境方面还存在很大的空间。

二、对中欧双边关系的评估。中欧双边关系方面呈现的状况与经贸环境中德国一家独大有明显的不同。英国排名第一，德国、荷兰紧随其后，波兰、法国、匈牙利次之。这些国家同中国的双边关系分值均在50

分以上，引领中国同欧洲国家双边关系的发展。双边关系环境指数得分位于 30～50 之间的有意大利、瑞典、西班牙、塞尔维亚、瑞士、比利时、捷克等国。

双边关系环境指数得分位于 15～30 之间的分别是阿尔巴尼亚、丹麦、希腊、马耳他、保加利亚、芬兰、罗马尼亚、拉脱维亚、爱尔兰、葡萄牙、卢森堡、挪威、奥地利、斯洛伐克，主要由北欧、南欧、中东欧国家组成。中国与这些国家经贸关系可圈可点，根据各国各分项得分情况，中国与这些国家在双边关系中均存在某些有待提升的方面，这也是未来中国与之提升经贸合作的切入点。

双边关系指数 15 以下除塞浦路斯、冰岛外均为中东欧国家。相对而言，这些国家在各方面与中国关系水平较低。虽然近年来中国—中东欧合作推动了中国与这些国家双边关系的发展，但同欧洲其他区域的国家相比，中国与中东欧国家双边关系提升的空间依然较大。

三、关于坐标轴的分析。通过对经贸环境与双边关系的动态比较发现，德国、法国、意大利坐标非常接近趋势线，反映出中国与三国双边关系的发展与其自身经贸环境相匹配。同样匹配的还有瑞典、马耳他和马其顿，只是其发展深度不及以上三国。在经贸环境与双边关系较不匹配的国家中，一方面，中国与英国、荷兰、匈牙利、波兰、希腊、罗马尼亚、拉脱维亚、保加利亚、塞尔维亚、阿尔巴尼亚等国家双边关系水平大于该国经贸环境水平，反映出中国与上述国家双边关系较好但经贸环境条件不足的事实，相关国家可以与中国在保持现有双边关系成果基础上，发挥合作潜力以及自身优势以提升自身经贸环境现状。

另一方面，中国与瑞士、西班牙、比利时、卢森堡、挪威、爱尔兰、奥地利、葡萄牙、斯洛伐克、芬兰、塞浦路斯、黑山、斯洛文尼亚、克罗地亚、爱沙尼亚、冰岛、波黑等国家双边关系水平低于该国经贸环境水平，反映出中国与上述国家双边关系水平与其经贸环境不匹配，中国与上述国家双边合作存在进一步发展空间，同时这些国家可以作为深化中欧关系下一阶段关注与跟进的重点。

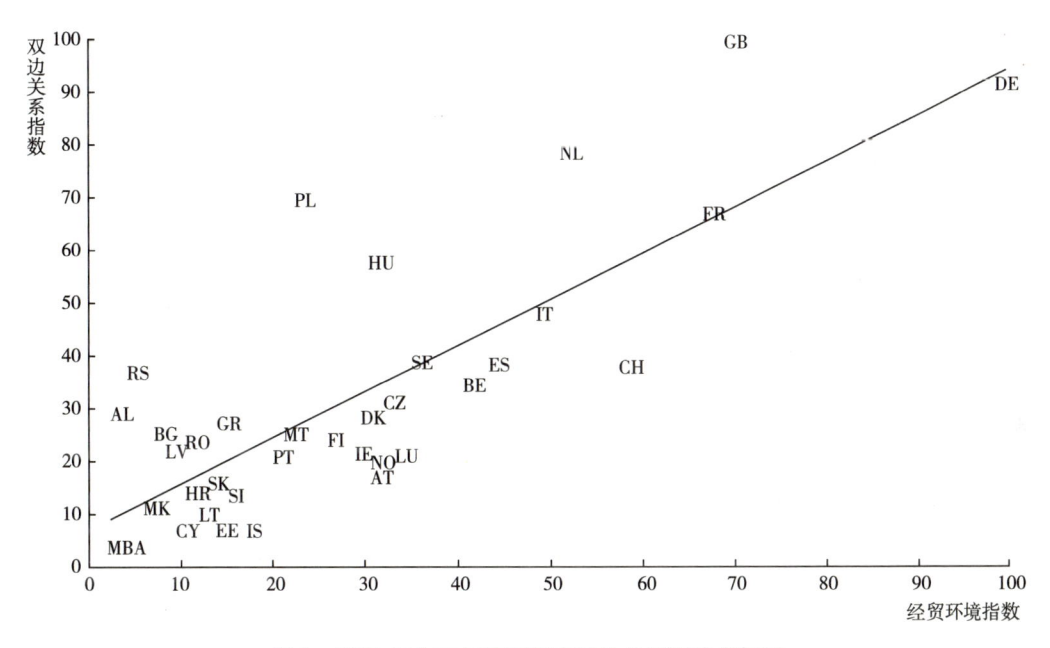

图1 2017年中国与欧洲国家双边关系评价坐标图

目 录

第一部分 总体报告

一 2017年欧洲国家的经贸环境 …………………………………………… 001
（一）2017年欧洲36个国家经贸环境及各分项排名 ……………………… 001
（二）2017年欧洲36个国家经贸环境综述 ………………………………… 002

二 2017年的中欧双边关系 …………………………………………………… 008
（一）2017年中国与欧洲36个国家双边关系及各分项排名 ……………… 008
（二）2017年中国与欧洲36个国家双边关系综述 ………………………… 009

三 综合报告——基于坐标轴的分析 ……………………………………… 012
（一）坐标轴区位分布分析 …………………………………………………… 012
（二）坐标轴趋势线分析 ……………………………………………………… 013

第二部分 欧洲国家经贸环境与中欧双边关系评价体系

四 欧洲国家经贸环境评价体系 …………………………………………… 017
（一）欧洲国家经贸环境评价体系的构建 …………………………………… 017

（二） 欧洲国家经贸环境的指标说明 …………………………………… 017

五　中欧双边关系评价体系 …………………………………………… 024
（一） 中欧双边关系评价体系的构建 …………………………………… 024
（二） 中欧双边关系的指标说明 ………………………………………… 025

第三部分　中欧经贸关系发展分项报告

六　欧洲国家经贸环境报告 …………………………………………… 028
（一） 欧洲国家行政环境分项分析 ……………………………………… 028
（二） 欧洲国家宏观经济环境分项分析 ………………………………… 030
（三） 欧洲国家贸易环境分项分析 ……………………………………… 031
（四） 欧洲国家金融环境分项分析 ……………………………………… 032
（五） 欧洲国家投融资环境分项分析 …………………………………… 034
（六） 欧洲国家基础设施分项分析 ……………………………………… 035
（七） 欧洲国家社会环境分项分析 ……………………………………… 037
（八） 欧洲国家创新能力分项分析 ……………………………………… 038

七　中欧双边关系报告 ………………………………………………… 040
（一） 中欧政治关系分项分析 …………………………………………… 040
（二） 中欧贸易关系分项分析 …………………………………………… 041
（三） 中欧金融关系分项分析 …………………………………………… 043
（四） 中欧投资关系分项分析 …………………………………………… 044
（五） 中欧人文交流分项分析 …………………………………………… 045

第四部分　中欧双边经贸关系发展路径及政策建议

八　中欧双边经贸关系发展路径及政策建议 …………………… 047
　（一）欧洲国家经贸环境与中欧双边关系的格局 …………………… 047
　（二）深化中欧双边关系的政策建议 ………………………………… 050

第一部分 总体报告

一、2017年欧洲国家的经贸环境

（一）2017年欧洲36个国家经贸环境及各分项排名

表1 2017年欧洲36个国家经贸环境指数及各分项排名

国家	经贸环境		行政环境	宏观经济环境	贸易环境	金融环境	投融资环境	基础设施	社会环境	创新能力
	指数	排名	排名	排名	排名	排名	排名	排名	排名	排名
德国	100	1	1	1	1	1	1	1	1	1
英国	70.3	2	2	2	2	3	2	3	2	2
法国	67.5	3	3	3	3	4	3	2	3	3
瑞士	58.5	4	4	4	4	2	5	7	4	4
荷兰	52.8	5	6	5	5	5	4	6	5	5
意大利	49.1	6	5	7	7	7	6	4	6	6
西班牙	44.0	7	7	9	9	8	8	5	7	8
比利时	41.7	8	8	6	6	6	7	8	8	7
瑞典	36.3	9	15	8	8	9	9	12	9	9
卢森堡	33.1	10	13	12	12	11	10	20	10	12
捷克	33.0	11	9	13	13	13	16	9	13	14
挪威	32.0	12	20	10	11	12	11	15	11	10
奥地利	31.8	13	14	14	15	14	13	13	15	15

续表

国家	经贸环境		行政环境	宏观经济环境	贸易环境	金融环境	投融资环境	基础设施	社会环境	创新能力
	指数	排名	排名	排名	排名	排名	排名	排名	排名	排名
匈牙利	31.8	14	16	15	14	16	14	10	12	13
丹麦	31.0	15	19	16	10	15	12	14	14	11
爱尔兰	30.2	16	18	11	17	10	17	19	16	17
芬兰	26.9	17	21	17	16	17	15	17	18	16
波兰	23.6	18	11	19	19	20	22	11	19	18
马耳他	22.3	19	10	20	18	19	20	28	17	21
葡萄牙	21.1	20	12	21	21	23	18	16	21	20
冰岛	17.9	21	35	18	22	18	19	34	20	19
斯洛文尼亚	16.2	22	22	22	24	21	23	24	22	23
爱沙尼亚	15.0	23	29	23	20	22	25	23	25	22
希腊	14.9	24	17	32	26	32	21	18	29	26
斯洛伐克	13.9	25	25	24	25	24	27	25	23	25
立陶宛	13.1	26	27	25	23	25	26	22	26	24
克罗地亚	11.7	27	23	28	29	27	28	26	27	29
罗马尼亚	11.0	28	26	26	28	26	32	21	28	28
塞浦路斯	10.6	29	24	30	30	33	24	35	24	30
拉脱维亚	10.1	30	30	27	27	28	29	27	30	27
保加利亚	8.4	31	28	33	31	29	31	29	32	31
马其顿	6.7	32	31	31	33	30	33	30	31	32
塞尔维亚	5.2	33	34	29	32	31	30	32	36	34
阿尔巴尼亚	3.4	34	33	34	36	34	36	33	34	35
波黑	3.0	35	32	36	35	35	35	36	33	33
黑山	2.4	36	36	35	34	36	34	31	35	36

（二）2017年欧洲36个国家经贸环境综述

欧洲36个国家经贸环境指数及各分项排名所示（见表1），2017年欧洲国家经贸环境指数排名前十二位国家依次是德国、英国、法国、瑞士、荷兰、意大利、西班牙、比利时、瑞典、卢森堡、捷克、挪威。作为欧盟最大经济体，德国经贸环境排名第一，在行政、宏观经济、贸易、金融、投融资、基础设施、社会、创新能力等八个方面都是欧洲最具竞争力的。

英国除金融环境次于瑞士、基础设施次于法国外，在其他六个方面的表现都仅次于德国，英国经贸环境排名第二位。法国各方面较为全面，除基础设施在欧洲仅次于德国、金融环境排名第四之外，其他均排名第三位。瑞士行政环境、宏观经济环境、贸易环境、社会环境、创新能力均排名欧洲第四位，基础设施略逊于靠前国家（排名第七位），但较好的金融环境（排名第二位）是其经贸环境的亮点。荷兰整体经贸环境排名第五位，其中宏观经济环境、贸易环境、金融环境、社会环境、创新能力等各分项均排名第五位，投融资环境较好于其他（排名第四位），行政环境和基础设施较弱（均排名第六位）。意大利整体经贸环境排名第六，虽然宏观经济环境、贸易环境、金融环境稍显不足，但行政环境、基础设施方面的较强竞争力弥补了不足（分别排名第五位和第四位）。西班牙的整体经贸环境排名第七，虽然基础设施排名第五，但宏观经济环境、贸易环境以及金融环境、投融资环境和创新能力等拖了后腿。比利时四平八稳，排名第八位。瑞典和卢森堡排名第九和第十位，相比之下，两者的行政环境和基础设施拉低了排名。捷克、挪威成为经贸环境第一梯队的末尾，分别排名第十一和第十二位，投融资环境和行政环境分别显著影响了它们的综合排名。

欧洲国家经贸环境指数排名从第十三位至第二十四位的国家依次是奥地利、匈牙利、丹麦、爱尔兰、芬兰、波兰、马耳他、葡萄牙、冰岛、斯洛文尼亚、爱沙尼亚、希腊。奥地利在决定经贸环境的八个分项中得分较为平稳，投融资环境和基础设施方面较为突出，排名第十三位，贸易环境、社会环境和创新能力稍显不足排名第十五位。匈牙利整体经贸环境仅次于奥地利排名第十四位，良好的基础设施是其优势，贸易环境、社会环境和创新能力方面均优于奥地利，相对而言行政环境、金融环境有待提高。整体经贸环境排名第十五位的丹麦，贸易环境、投融资环境及创新能力是亮点，排名相对靠前。爱尔兰在宏观经济环境、金融环境方面的表现在第二梯队中竞争力突出。芬兰被行政环境拖了后腿。波兰的行政环境和基础设施得分在36个国家中排名第十一位，在第二梯队国家中具有较强的竞争力。紧随其后的马耳他在行政环境方面较好，但基础设施环境排名靠后，拖累整体经贸环境。葡萄牙在行政环境和基础设施方面排名靠前，金融环境有待加强。冰岛的行政环境和基础设施对于整体经贸环境形成拖累。排在第二梯队尾部的斯洛文尼亚贸易环境和基础设施、爱沙尼亚行政环境和希腊宏观经济环境和金融环境均有待改善。

欧洲国家经贸环境指数排名最后12位的国家依次是斯洛伐克、立陶宛、克罗地亚、罗马尼亚、塞浦路斯、拉脱维亚、保加利亚、马其顿、塞尔维亚、阿尔巴尼亚、波黑、黑山。金融环境和基础设施不佳从而导致塞浦路斯排名靠后。除塞浦路斯外，第三梯队主要以中东欧国家组成，斯洛伐克、立陶宛、克罗地亚、罗马尼亚部分方面排名较为靠前，其他国家各方面排名均在三十名以外，经贸环境亟须改善。

排名从第一至第十二位的第一梯队国家基本由西欧德国、英国、法国、比利时、卢森堡等传统发达国家组成，瑞士因其良好的金融竞争力使得整体经贸环境优越。值得一提的是中东欧国家捷克，其经贸环境在中东欧地区保持前列，瑞典在北欧地区排名靠前。排名从第十三至第二十四位的第二梯队国家主要由南欧国家、北欧国家以及部分中东欧国家组成，北欧地区的丹麦、芬兰排名较为靠前，中东欧地区的匈牙利、波兰经贸环境在该地区优势明显，而南欧国家受债务危机影响，使得宏观经济环境、金融环境排名靠后，拖累整体经贸环境。在后十二个国家组成的第三梯队中，除塞浦路斯外均为中东欧国家，这些国家经贸环境存在很大的上升空间。

结合经贸环境中的行政环境、宏观经济环境、贸易环境、金融环境、投融资环境、基础设施、社会环境以及创新能力八个分项看，2017年欧洲国家行政环境指数排名靠前的十个国家依次是德国、英国、法国、瑞士、意大利、荷兰、西班牙、比利时、捷克、马耳他。德国、英国、法国在欧洲国家中排名靠前，体现出三国在自由度、廉洁度、政治稳定度、企业成本、法律权利力度等方面表现突出的特点。其中，德国政治稳定，高达81的廉洁度在欧洲仅次于北欧国家；英国虽然经历了首相更迭，但其经济自由度相对很高；法国本年完成了总统大选，政治维持稳定，并且法国具有开办企业成本低（占国民收入的0.9%，在欧洲仅次于英国的0.1%）的特点。行政环境指数排名靠后的五个国家依次是波黑、阿尔巴尼亚、塞尔维亚、冰岛、黑山。这些国家普遍存在开办企业成本高、法律权利力度小、执政周期短等方面的不足。

2017年欧洲国家宏观经济环境指数排名靠前的十个国家依次是德国、英国、法国、瑞士、荷兰、比利时、意大利、瑞典、西班牙、挪威。德国、英国、法国在欧洲国家中排名靠前，体现出三国在官方储备资产、人均GDP、固定资本形成、工业增加值、服务业增加值等方面表现突出的特点。其中，德国工业增加值高达9500亿美元，遥遥领先于第二位英国的4470亿美元；2017年英国通胀率上升明显，按消费者价格指数衡量的年通胀率达到112.5；法国在官方储备资产、固定资本形成总额等方面略微落后于德国，大规模的服务业增加值使得法国在宏观经济方面的表现不俗。宏观经济环境指数排名靠后的五个国家依次是希腊、保加利亚、阿尔巴尼亚、黑山、波黑。这些国家在宏观经济方面差强人意，存在很大的上升空间。

2017年欧洲国家贸易环境指数排名靠前的十个国家依次是德国、英国、法国、瑞士、荷兰、比利时、意大利、瑞典、西班牙、丹麦（见表1）。德国、英国、法国在欧洲国家中排名靠前，具有进出口体量大、贸易竞争优势强、物流高效的特点。贸易环境指数排名靠后的五个国家依次是塞尔维亚、马其顿、波黑、黑山、阿尔巴尼亚。这些国家在海关关税税率、贸易优势等方面差强人意，使得与其开展国际贸易相对困难，贸易环境存在很大的上升空间。

2017年欧洲国家金融环境指数排名靠前的十个国家依次是德国、瑞士、英国、法国、荷兰、比利时、意大利、西班牙、瑞典、爱尔兰（见表1）。德国、瑞士、英国在欧洲国家中排名靠前，具有金融基础设施健全、利率水平合理、不良贷款率低的特点。金融环境指数排名靠后的五个国家依次是希腊、塞浦路斯、阿尔巴尼亚、波黑、黑山。受欧债危机影响，重债国希腊和塞浦路斯银行不良贷款占贷款总额的比率分别高达36.3%和47.7%，金融环境不佳。

2017年欧洲国家投融资环境指数排名靠前的十个国家依次是德国、英国、法国、荷兰、瑞士、意大利、比利时、西班牙、瑞典、卢森堡（见表1）。德国、瑞士、英国在欧洲国家中排名靠前，具有主权债券评级、投资率、储蓄率、利用外资、对外直接投资高的特点。投融资环境指数排名靠后的五个国家依次是罗马尼亚、马其顿、黑山、波黑、阿尔巴尼亚。这些国家主权债券评级均在BBB以下（金融机构视为不具有投资价值），金融部门提供的国内信贷严重不足，投融资环境不佳。

2017年欧洲国家基础设施指数排名靠前的十个国家依次是德国、法国、英国、意大利、西班牙、荷兰、瑞士、比利时、捷克、匈牙利（见表1）。德国、法国、英国在欧洲国家中排名靠前，在互联网、铁路、航空、电力、医疗、港口等基础设施方面最为健全。基础设施指数排名靠后的五个国家依次是塞尔维亚、阿尔巴尼亚、冰岛、塞浦路斯、波黑。这些国家在铁路、航空等基础设施相关方面较为落后。其中塞浦路斯医疗卫生的开支仅占政府支出的7.58%，是本报告36个欧洲国家中最低的，阿尔巴尼亚人均耗电量仅为2309千瓦时，是欧洲耗电量第一国家芬兰的1/7。整体上看，欧洲国家基础设施除排名前八位的国家指数在30以上外，其他国家得分均低于30，反映欧洲国家整体上在完善基础设施建设，以及设施更新换代方面具有需求大的特点。

2017年欧洲国家社会环境指数排名靠前的十个国家依次是德国、英国、法国、瑞士、荷兰、意大利、西班牙、比利时、瑞典、卢森堡（见表1）。德国、英国、法国在欧洲国家中排名靠前，良好社会环境的基础是其较大的人均医疗卫生支出和人均最终消费支出。社会环境指数排名靠后的五个国家依次是保加利亚、波黑、阿尔巴尼亚、黑山、塞尔维亚。这些国家在医疗卫生、劳动人口、人均消费等方面较为落后。其中阿尔巴尼亚人均居民最终消费支出仅为3567美元，是德国的1/8，是瑞士的1/12。

2017年欧洲国家创新能力指数排名靠前的十个国家依次是德国、英国、法国、瑞士、荷兰、意大利、比利时、西班牙、瑞典、挪威（见表1）。德国、英国、法国在欧洲国家中排名靠前，专利申请量、商标申请总数、研发支出均高于欧洲其他国家。创新能力排名靠后的五个国家依次是马其顿、波黑、塞尔维亚、阿尔巴尼亚、黑山。这些国家专利申请量均为个位数，与数以千计的西欧国家相去甚远，研发支出占GDP的比例也是微乎其微。整体上看，欧洲老牌工业国家创新能力均排名靠前，北欧国家以及匈牙利、捷克等中东欧国家已成为欧洲创新技术的生力军。值得一提的是，虽然北欧地区一般在人们的印象中是创新集中区域，但从本研究所归纳创新能力指标上看，2016年瑞典专利申请量为390个，而与此同时法国为1994个，德国高达19509个，不可与之抗衡。

二　2017年的中欧双边关系

（一）2017年中国与欧洲36个国家双边关系及各分项排名

表2　2017年中国与欧洲36个国家双边关系指数及各分项排名

国家	双边关系		政治关系	贸易关系	金融关系	投资关系	人文交流
	指数	排名	排名	排名	排名	排名	排名
英国	98.8	1	1	2	1	1	1
德国	91.0	2	3	1	3	2	2
荷兰	77.7	3	7	4	2	3	3
波兰	69.0	4	2	3	5	4	5
法国	66.0	5	5	5	4	5	4
匈牙利	57.3	6	4	7	6	6	6
意大利	48.2	7	8	8	8	7	7
瑞典	38.2	8	11	9	10	9	12
西班牙	38.0	9	9	12	9	11	8
塞尔维亚	37.1	10	6	15	13	12	10
瑞士	37.1	11	25	6	7	8	20
比利时	34.4	12	10	16	12	10	9
捷克	30.4	13	12	14	17	15	18
阿尔巴尼亚	28.6	14	16	11	15	17	23
丹麦	28.3	15	15	13	16	14	19
希腊	26.9	16	14	21	19	16	11

续表

国家	双边关系		政治关系	贸易关系	金融关系	投资关系	人文交流
	指数	排名	排名	排名	排名	排名	排名
马耳他	24.9	17	35	10	11	13	28
保加利亚	24.7	18	13	23	25	20	14
芬兰	23.6	19	19	19	20	19	17
罗马尼亚	22.9	20	20	18	24	18	16
拉脱维亚	22.7	21	17	20	22	21	22
爱尔兰	21.1	22	22	24	26	22	15
葡萄牙	20.9	23	21	26	21	25	13
卢森堡	20.4	24	18	27	14	31	21
挪威	19.7	25	30	17	18	23	26
奥地利	17.1	26	24	25	27	28	24
斯洛伐克	15.9	27	27	22	30	24	27
克罗地亚	14.5	28	26	28	31	26	29
斯洛文尼亚	13.2	29	33	29	23	27	31
马其顿	11.6	30	23	30	35	29	25
立陶宛	10.0	31	31	31	28	32	30
爱沙尼亚	7.0	32	29	35	32	33	35
塞浦路斯	7.0	33	36	32	29	30	33
冰岛	6.9	34	28	34	34	35	32
波黑	4.0	35	32	36	36	34	36
黑山	3.9	36	34	33	33	36	34

（二）2017年中国与欧洲36个国家双边关系综述

中国与欧洲36个国家双边关系指数及各分项排名所示（见表2），2017年中欧双边关系指数排名前十二位国家依次是英国、德国、荷兰、波兰、法国、匈牙利、意大利、瑞典、西班牙、塞尔维亚、瑞士、比利时。中国与英国为面向21世纪全球全面战略伙伴关系，双边在政治、金融、投资、人文交流方面的合作在欧洲均排名第一位，中英贸易关系仅次于中德排名第二位。中国与德国在贸易关系方面最为密切，政治关系不及波兰，金融关系不及荷兰，整体双边关系次于英国位居第二位。中国与荷兰在金融领域的合作较为突出，金融关系仅次于英国排名第二位，虽然整体双边关系排名第三位，然而政治关系排名第七位，有待加强。中波凭借良好的双边政治关系，在中欧双边关系中排名第四位。中国与法国在金融关系、人文交流方面表现相对突出，在整体双边关系中排名第五位。匈牙利与中国在双边政治关系中排名第四，但贸易关系拖了后腿，在整体双边关系中排名第六位。意大利与中国在各领域的交流合作全面，排名第七位。紧随其后的是瑞典、西班牙、塞尔维亚、瑞士、比利时。其中，中国与瑞士在贸易、金融和投资领域的合作较为突出，与塞尔维亚在政治合作中关系密切，与西班牙和比利时在人文交流领域的合作较为集中。

中欧关系指数排名从第13位至24位的国家依次是捷克、阿尔巴尼亚、丹麦、希腊、马耳他、保加利亚、芬兰、罗马尼亚、拉脱维亚、爱尔兰、葡萄牙、卢森堡。近年来，中捷两国政治关系显著改善，加之双边在其他领域的合作日趋深化，使得中捷双边关系在第二梯队中排名最高。第二梯队中，贸易关系和金融关系发展最好的是马耳他，中马双边贸易关系指数和金融关系指数在欧洲36国中分别排名第十位和第十一位。中国与卢森堡双边的投资关系存在较大的波动。在人文交流领域，希腊排名第十一位，在第二梯队中表现突出。

中欧关系排名靠后12位的国家依次是挪威、奥地利、斯洛伐克、克罗地亚、斯洛文尼亚、马其顿、立陶宛、爱沙尼亚、塞浦路斯、冰岛、波黑、黑山。中国与这些国家之间的合作存在很大程度的上升空间。值得一提的是，挪威虽然在贸易关系和金融关系中分别位居第十七和第十八位，但冰冻多年的政治关系严重阻碍了挪威在整体双边关系中的排名。2016年底，挪威外长访华、两国发表双边关系正常化声明之后，一度中断的两国政治交往才得以恢复。

与中国双边关系最好的第一梯队国家（排名从第一至第十二位的国家），涵盖欧洲各次区域地区。其中，不仅包括英国、德国、法国西欧工业强国，而且也包括匈牙利、波兰、塞尔维亚等中东欧国家和北欧的瑞典、南欧的意大利、西班牙，以及荷兰、瑞士、比利时这些国土面积虽小但经济实力较强的国家，呈现出中欧关系均衡发展的局面。

结合双边关系中的政治关系、贸易关系、金融关系、投资关系以及人文交流五个分项看，2017 年中欧政治关系指数排名靠前的十个国家依次是英国、波兰、德国、匈牙利、法国、塞尔维亚、荷兰、意大利、西班牙、比利时（见表 2）。英国、波兰、德国、匈牙利、法国、塞尔维亚与中国政治关系最为密切，在伙伴关系、高层访问、外交访问、"一带一路"倡议、联合声明等方面合作频繁。中国与排名靠后的波黑、斯洛文尼亚、黑山、马耳他、塞浦路斯等国家，在政治关系方面的合作交流有待深化。

2017 年中欧贸易关系指数排名靠前的十个国家依次是德国、英国、波兰、荷兰、法国、瑞士、匈牙利、意大利、瑞典、马耳他（见表 2）。德国、英国、波兰、荷兰、法国、瑞士与中国贸易关系最为密切，双边贸易量、彼此市场占有率较大。中国与排名靠后的塞浦路斯、黑山、冰岛、爱沙尼亚、波黑等国家，在贸易合作方面有待加强。

2017 年中欧金融关系指数排名靠前的十个国家依次是英国、荷兰、德国、法国、波兰、匈牙利、瑞士、意大利、西班牙、瑞典（见表 2）。英国、荷兰、德国、法国、波兰、匈牙利与中国金融关系最为密切，中国在这些国家均开设分行并着手人民币离岸市场建设，此外双边长期开展货币互换、债券合作机制。中国与排名靠后的爱沙尼亚、黑山、冰岛、马其顿、波黑等国家，在金融合作方面有待加强。

2017 年中欧投资关系指数排名靠前的十个国家依次是英国、德国、荷兰、波兰、法国、匈牙利、意大利、瑞士、瑞典、比利时（见表 2）。英国、德国、荷兰、波兰、法国、匈牙利与中国投资关系最为密切，双边投资具有流量大、存量足的特点。中国与排名靠后的立陶宛、爱沙尼亚、波黑、冰岛、黑山等国家，在投资合作方面有待加强。

2017 年中欧人文交流指数排名靠前的十个国家依次是英国、德国、荷兰、法国、波兰、匈牙利、意大利、西班牙、比利时、塞尔维亚（见表 2）。英国、德国、荷兰、法国、波兰、匈牙利与中国人文交流最为密切，体现于在华语言中心的设立、双边文化中心的设立和更多数量的孔子学院。中国与排名靠后的冰岛、塞浦路斯、黑山、爱沙尼亚、波黑等国家，在人文交流方面有待加强。

三 综合报告——基于坐标轴的分析

本章运用坐标轴分析的方法评估欧洲国家经贸环境与中欧双边关系之间的动态关联。本报告评估体系最终生成两个指数——欧洲国家经贸环境指数和中欧双边关系指数。两种指数基于共同标准进行量化表达，相互比较，并共同监测欧洲国家经贸环境水平、中欧双边关系进展状况以及两者之间的关联，以达到根据经贸环境提供优化双边关系的对策建议。

通过建立"欧洲国家经贸环境"（横轴）以及"中欧双边关系"（纵轴）这两个指标体系，将欧洲36个主要国家经贸环境进展形象地展示出来，同时评估欧洲国家经贸环境以及中欧双边关系的动态关联。与此同时，通过分析36个国家在坐标轴中所居的不同位置，为进一步发展中欧合作、深化中欧关系提供政策建议。

（一）坐标轴区位分布分析

根据2017年欧洲国家经贸环境指数的计算结果，把各国经贸环境指数置于横轴，同时根据2017年中国与欧洲国家双边关系指数的计算结果，把中国与欧洲各国双边关系指数置于纵轴，描绘中欧关系评价体系坐标图，如图2所示。

如图2所示，右上区域表明该国经贸环境以及中国与该国双边关系水平较高，左下区域表明该国经贸环境以及中国与该国双边关系水平较逊色。根据36国在图中的分布区位，坐标图主要由三个区位构成，即右上、中部以及左下区域。2017年除了德国、英国、法国三国位于坐标图

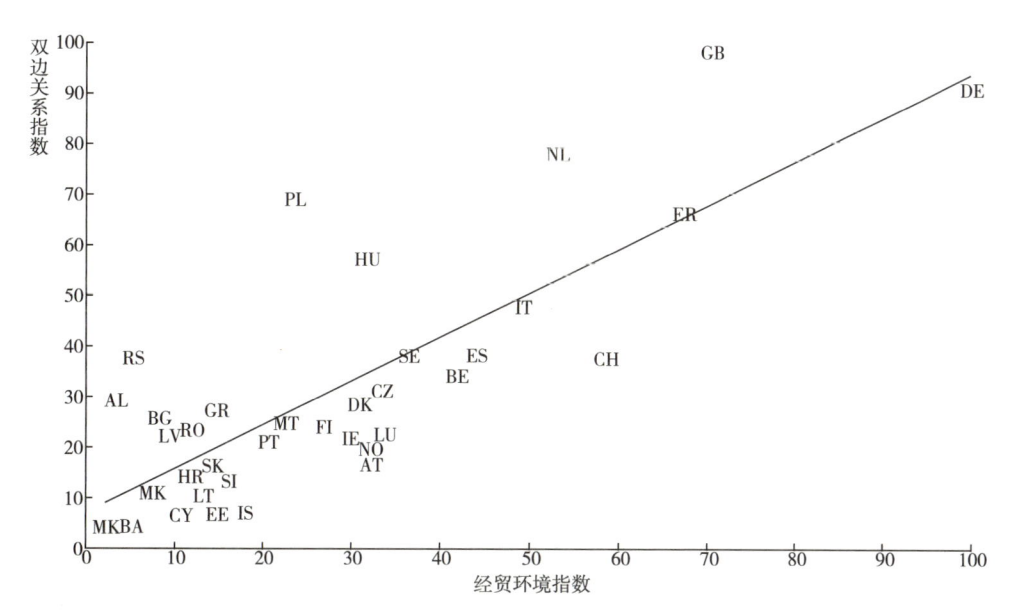

图 2　2017 年中国与欧洲国家双边关系评价坐标图

注：AL，阿尔巴尼亚；AT，奥地利；BA，波黑；BE，比利时；BG，保加利亚；CH，瑞士；CY，塞浦路斯；CZ，捷克；DE，德国；DK，丹麦；EE，爱沙尼亚；ES，西班牙；FI，芬兰；FR，法国；GB，英国；GR，希腊；HR，克罗地亚；HU，匈牙利；IE，爱尔兰；IS，冰岛；IT，意大利；LU，卢森堡；LT，立陶宛；LV，拉脱维亚；MK，马其顿；MT，马耳他；ME，黑山；NL，荷兰；NO，挪威；PL，波兰；PT，葡萄牙；RO，罗马尼亚；RS，塞尔维亚；SE，瑞典；SI，斯洛文尼亚；SK，斯洛伐克。

右上区域外，其他国家基本位于图像的中部、左下区域。

荷兰、瑞士、西班牙、意大利、比利时、瑞典、匈牙利、捷克、波兰、丹麦、卢森堡、挪威、奥地利、爱尔兰等国家分布于中部区域，这些国家整体经贸环境较好同时与中国双边关系开展顺利。其他国家集中于左下区域，这些国家经贸环境、与中国双边关系均存在较大的发展空间。

（二）坐标轴趋势线分析

如图 2 中的斜线为运用最小二乘法（OLS）所拟合的经贸环境与双边关系趋势的线性表达，也可视为两者间关系的趋势线，用来反映经贸环境与双边关系之间动态变化的趋势关系。

一国坐标位于趋势线上方表明中国与该国双边关系水平大于该国经贸环境水平，该国经贸环境亟须通过落实与中国双边关系得到加强。截至2017年，英国、法国、荷兰、匈牙利、波兰、希腊、罗马尼亚、拉脱维亚、保加利亚、塞尔维亚、阿尔巴尼亚坐标均位于趋势线上方，这些国家可以与中国在保持现有双边合作成果基础上，发挥自身优势以提升自身经贸环境现状。

一国坐标位于趋势线下方表明中国与该国双边关系水平低于该国经贸环境水平，反映出中国与该国双边关系水平与该国经贸环境不匹配，中国与该国双边合作存在进一步发展空间。截至2017年，德国、意大利、瑞士、西班牙、比利时、卢森堡、挪威、爱尔兰、奥地利、瑞典、葡萄牙、斯洛伐克、芬兰、塞浦路斯、黑山、斯洛文尼亚、克罗地亚、马其顿、爱沙尼亚、冰岛、波黑等坐标均位于趋势线下方，这些国家可以作为中欧合作下一阶段关注与合作的重点。

此外，值得注意的是德国，2017年德国坐标位于趋势线下方，反映出中国与德国双边关系同德国自身经贸环境不匹配。相对于德国的经贸环境，中国与德国有进一步深化双边关系的空间。双边可以在现阶段中德双边关系指数中排名比较靠后的分项（政治关系和金融关系）重点突破。

第二部分 欧洲国家经贸环境与中欧双边关系评价体系

一般而言，经贸关系是中欧关系的压舱石和稳定器，而欧洲国家经贸环境水平是中国与各国进行经贸合作的背景，衡量经贸关系应结合对象国经贸环境的评估，从而更好地对双边经贸关系进行评价。更重要的是，对欧洲各国经贸环境进行分析，能够全面审视欧洲经贸格局，并在掌握中欧双边关系现有格局的基础上提出深化中欧双边关系的切入点，实现中欧经贸合作互利共赢。本研究旨在通过欧洲国家经贸环境指数和中欧双边关系指数两项研究成果，全面、客观、科学地衡量欧洲各国经贸环境水平、中国与欧洲各国经贸关系水平。

评价体系的构建是一项系统性工程，需要按照评价目的来科学制定评价指标，本研究中评价体系的构建涵盖以下目标：

第一，评价欧洲国家经贸环境水平。欧盟是中国第一大贸易伙伴，中国是欧盟第二大贸易伙伴，加之近年来中欧双边在政治、投资、金融、基础设施建设、人文交流等领域合作日趋深入，整体上看中欧关系是以经贸合作为纽带开展的，经贸关系是中欧关系的基础和重点。而与一国开展经贸合作的背景则是该国家整体的经贸环境。深化针对性更强的经贸关系应结合对欧洲各国经贸环境基础的把握，因此衡量欧洲各国的经贸环境水平是本研究的目标之一。

第二，评价中欧双边关系水平。量化现有中欧双边关系水平，有助于科学衡量中欧经贸关系水平发展程度，理解中国在欧洲的经贸合作格局，并监测中国与各国经贸关系发展进展情况。

本研究基于欧洲各国行政、宏观经济、贸易、金融、投融资、基础设施、社会、创新能力等指标数据，并运用数理模型科学计算欧洲各国经贸环境发展状况，为经贸先行背景下的中欧合作提供参考。基于中国与欧洲各国在政治、贸易、金融、投资、人文交流等方面关系的指标数据，量化计量中国与欧洲各国双边关系的水平与进展。同时，研究根据两项指数的计算结果，以经贸环境与双边关系的动态和互动分析方式为深化中欧双边关系提供科学的政策建议。

四 欧洲国家经贸环境评价体系

(一) 欧洲国家经贸环境评价体系的构建

本报告旨在构建一套评价体系,根据计算得到欧洲国家经贸环境指数,以反映欧洲各国经贸环境水平。欧洲国家经贸环境评价体系由8个分项构成,分项中包括反映该分项下的具体指标。本部分将详细阐述各分项、各指标的构成、含义以及数据来源、处理方式等内容。

根据目标和要求,从行政因素、宏观经济因素、贸易因素、金融因素、投融资因素、基础设施因素、社会环境因素、创新能力因素中选择8个二级指标对欧洲36个国家[①]经贸环境进行评价。其中,评价体系包含8个二级指标、48个三级指标,详情见表3。

(二) 欧洲国家经贸环境的指标说明

1. 行政环境

欧洲国家经贸环境评价体系行政环境分项中,选取世界经济自由度

[①] 本报告以欧洲36个主要国家为研究样本,分别是丹麦、保加利亚、克罗地亚、冰岛、匈牙利、卢森堡、塞尔维亚、塞浦路斯、奥地利、希腊、德国、意大利、拉脱维亚、挪威、捷克、斯洛伐克、斯洛文尼亚、比利时、法国、波兰、波斯尼亚和黑塞哥维那、爱尔兰、爱沙尼亚、瑞典、瑞士、立陶宛、罗马尼亚、芬兰、英国、荷兰、葡萄牙、西班牙、阿尔巴尼亚、马其顿、马耳他、黑山。考虑到数据的可得性和比较研究的科学性,因此剔除了独联体国家(亚美尼亚、阿塞拜疆、白俄罗斯、摩尔多瓦、俄罗斯)、乌克兰及微型国家(梵蒂冈、安道尔、摩纳哥、列支敦士登、圣马力诺)。

指数、廉洁指数、执政周期、是否存在提前大选、开办企业流程的成本、法律权利力度等指标进行分析,指标基本涵盖一国行政领域,能够较为客观地反映该国经贸环境的行政环境背景。

表3 欧洲国家经贸环境评价体系

二级指标	三级指标	单 位	代码
行政环境 X1	世界经济自由度指数	指数	X10
	廉洁指数	0~10,值越大,越清廉	X11
	执政周期	年	X13
	是否存在提前大选	指数	X14
	开办企业流程的成本	%	X15
	法律权利力度	指数	X16
宏观经济环境 X2	官方储备资产	现价美元,百万美元	X20
	GDP	现价美元,百万美元	X21
	人均GDP	现价美元	X22
	经济增长	%	X23
	通胀率	%	X24
	固定资本形成总额	现价美元,百万美元	X25
	工业增加值	现价美元,百万美元	X26
	服务等,附加值	现价美元,百万美元	X27
贸易环境 X3	出口总值	现价美元	X30
	进口总值	现价美元	X31
	贸易竞争优势指数	指数	X32
	贸易世界占有率	%	X33
	海关关税税率	%	X34
	物流绩效指数	指数	X35
金融环境 X4	官方汇率	本币单位	X40
	实际利率	%	X41
	银行不良贷款与贷款总额的比率	%	X42
投融资环境 X5	主权债券评级	指数	X50
	金融部门提供的国内信贷	占GDP的百分比,%	X51
	净国内信贷	百万美元,现价美元(需要计算)	X52

续表

二级指标	三级指标	单 位	代码
投融资环境 X5	投资率	%	X53
	中央政府债务率	%	X54
	储蓄率	%	X55
	利用外资存量	百万美元，现价	X56
	对外直接投资存量	百万美元，现价	X57
基础设施环境 X6	互联网普及率	%，每百人	X60
	铁路里程	千米	X61
	铁路货运量	百万吨·千米	X62
	航空货运量	百万吨·千米	X63
	耗电量	人均千瓦时	X64
	公共医疗卫生支出	%，占政府支出的百分比	X65
	港口基础设施质量	指数	X66
	货柜码头吞吐量	TEU：20 英尺当量单位	X67
社会环境 X7	总人口数量	千人	X70
	最低工资	现价美元	X71
	人均医疗卫生支出	现价美元	X72
	劳动人口比重	%，占总人口的百分比	X73
	人口密度	每公里土地面积人数	X74
	人均居民最终消费支出	美元，2010 年不变价	X75
创新能力 X8	专利申请量	个	X80
	商标申请总量	个	X81
	研发支出	占 GDP 的比例	X82

其中，世界经济自由度指数是衡量一国市场经济开放度的指标，数据来源于佛雷泽研究所；廉洁指数反映一国行政人员清廉水平，数据来源于透明国际；是否存在提前大选衡量一国政府更迭顺利性与其法规实行的连续性，根据经验统计所得；开办企业流程的成本直接衡量在一国营商过程中的行政手续复杂度，花费时间越少说明一国行政流程越高效，数据来源于世界银行数据库；法律权利力度反映一国法律执行情况，数据来源于世界银行数据库。

2. 宏观经济环境

欧洲国家经贸环境评价体系宏观经济分项中，选取官方储备资产、GDP、人均 GDP、经济增长、通胀率、固定资本形成总额、工业增加值、服务等附加值等指标进行分析，指标基本涵盖该国宏观经济领域，能够较为客观地反映该国宏观经济整体运行水平，是该国经贸环境的基础背景。

其中，官方储备资产反映一国官方资产储备情况，储备资产越高，抗风险能力越强，数据来源于世界银行数据库；国内生产总值 GDP 衡量一国经济规模，数据来源于世界银行数据库；人均 GDP 反映一国国民财富程度，数据来源于世界银行数据库；经济增长用 GDP 年均同比增长率表示，衡量一国经济增长速度；通胀率衡量一国的物价水平；固定资本形成总额测算一国固定资产规模，数据来源于世界银行数据库；工业增加值反映一国工业规模，数据来源于世界银行数据库；服务等附加值反映一国服务业规模，数据来源于世界银行数据库。

3. 贸易环境

欧洲国家经贸环境评价体系贸易环境分项中，选取出口总值、进口总值、贸易竞争优势指数、贸易世界占有率、海关关税税率、物流绩效指数等指标进行分析，指标基本涵盖一国贸易领域，能够较为客观地反映一国对外贸易整体水平。

其中，出口总值衡量一国出口整体水平，数据来源于联合国贸易数据库；进口总值衡量一国进口整体水平，数据来源于联合国贸易数据库；贸易竞争优势指数计算一国贸易顺差占其对外贸易总值的份额，反映一国出口商品的竞争力；贸易世界占有率计算一国外贸总值占世界总值的比率，衡量一国在国际贸易中的权重地位；海关关税税率监测一国从事国际贸易税率，数据来源于世界银行数据库；物流绩效指数反映一国从事国际贸易物流水平，数据来源于世界银行数据库。

4. 金融环境

欧洲国家经贸环境评价体系金融环境分项中，选取官方汇率、实际利率、银行不良贷款与贷款总额的比率等指标进行分析，指标基本涵盖一国金融领域，能够较为客观地反映一国金融环境整体水平。

其中，官方汇率反映一国货币的稳定程度，数据来源于世界银行数据库；实际利率反映一国货币政策，数据来源于世界银行数据库；银行不良贷款与贷款总额的比率反映一国银行运营情况以及国家整体信用风险，数据来源于世界银行数据库。

5. 投融资环境

欧洲国家经贸环境评价体系投融资环境分项中，选取主权债券评级、金融部门提供的国内信贷、净国内信贷、投资率、中央政府债务率、储蓄率、利用外资存量、对外直接投资存量等指标进行分析，指标基本涵盖一国投融资领域，能够较为客观地反映一国投融资整体水平。

其中，主权债券评级反映对一国进行投融资活动时的信用风险，数据来源于标准普尔官方网站；金融部门提供的国内信贷反映一国银行提供信贷能力，数据来源于世界银行数据库；净国内信贷衡量银行净提供给国内信贷数量，反映国内对银行信贷的依赖程度或银行对国内信贷的支持程度，数据来源于世界银行数据库；投资率用固定资本形成总额与GDP的比值表示，衡量一国投资活跃程度，数据来源于世界银行数据库；中央政府债务率衡量一国债务风险，数据来源于世界银行数据库；储蓄率衡量一国国民储蓄水平，是银行抗风险能力的体现之一，数据来源于世界银行数据库；利用外资存量反映一国吸收外国资金用于投资活动的累积情况，数据来源于联合国贸发会议数据库；对外直接投资存量反映一国资本对国外进行直接投资的累积情况，数据来源于联合国贸发会议数据库。

6. 基础设施

欧洲国家经贸环境评价体系基础设施环境分项中，选取互联网普及率、铁路里程、铁路货运量、航空货运量、耗电量、公共医疗卫生支出、港口基础设施质量、货柜码头吞吐量等指标进行分析，指标基本涵盖一国宏观基础设施领域，能够较为客观地反映一国基础设施整体水平。

其中，互联网普及率反映一国互联网设施使用情况，数据来源于世界银行数据库；铁路里程和铁路货运量反映一国铁路使用情况以及铁路载货能力，数据来源于世界银行数据库；航空货运量反映一国航空载货能力，数据来源于世界银行数据库；耗电量客观反映一国电力设施水平，数据来源于世界银行数据库；公共医疗卫生支出反映一国医疗卫生先进程度，数据来源于世界银行数据库；港口基础设施质量反映一国港口货运便利性和高效性，数据来源于世界经济论坛《全球竞争力报告》数据库；货柜码头吞吐量反映一国港口货物数量及规模，数据来源于世界银行数据库。

7. 社会环境

欧洲国家经贸环境评价体系社会环境分项中，选取总人口数量、最低工资、人均医疗卫生支出、劳动人口比重、人口密度、人均居民最终消费支出等指标进行分析，指标基本涵盖一国社会环境领域，能够较为客观地反映一国社会环境整体水平。

其中，总人口数量反映一国市场规模，数据来源于世界银行数据库；最低工资反映一国国民收入最低水平，数据来源于世界银行数据库；人均医疗卫生支出衡量一国医疗卫生发达程度，数据来源于世界银行数据库；劳动人口比重体现一国劳动力规模及经济增长潜力，数据来源于世界银行数据库；人口密度体现一国生活水平及市场活跃性，数据来源于世界银行数据库；人均居民最终消费支出反映一国居民消费水平，同时体现该国居民生活水平，数据来源于世界银行数据库。

8. 创新能力

欧洲国家经贸环境评价体系创新能力分项中，选取专利申请量、商标申请总量、研发支出等指标进行分析，指标基本涵盖一国创新领域，能够较为客观地反映一国创新能力的整体水平。

其中，专利申请量是一国研发成果数量的体现，数据来源于世界银行数据库；商标申请总量反映一国商业活动中对于产权的保护，数据来源于世界银行数据库；研发支出体现一国对于研发创新活动的重视程度，数据来源于世界银行数据库。

五 中欧双边关系评价体系

(一) 中欧双边关系评价体系的构建

区别于上述的欧洲国家经贸环境评价体系，本报告构建另一套评价体系，计算得到中欧双边关系指数，反映中国与欧洲各国双边关系发展水平。中欧双边关系评价体系由5个分项构成，从政治关系、贸易关系、金融关系、投资关系、人文交流5个层次衡量中国与欧洲各国经贸关系发展水平。其中，体系包含5个二级指标，22个三级指标，详见表4所示。

表4 中欧双边关系评价体系评价指标

二级指标	三级指标	单 位	代码
政治关系 Y1	伙伴关系	次数	Y10
	高层关系	次数	Y11
	外交访问	次数	Y12
	"一带一路"谅解备忘录	指数	Y13
	核心利益	指数	Y14
	联合声明	个	Y15
贸易关系 Y2	中国对该国出口总值	现价美元	Y20
	中国从该国进口总值	现价美元	Y21
	中国出口产品占该国进口产品市场份额	%	Y22
	该国出口中国产品占该国出口产品市场份额	%	Y23

续表

二级指标	三级指标	单　位	代码
金融关系 Y3	货币与债券合作	指数	Y30
	中国在该国开设银行	指数	Y31
	该国在中国开设银行	指数	Y32
	人民币离岸市场建设	个	Y33
	是否存在中国企业在该国上市	指数	Y34
投资关系 Y4	欧洲国家对华直接投资，流量	现价美元，万美元	Y40
	欧洲国家对华直接投资，存量	现价美元，万美元	Y41
	中国对该国OFDI，流量	现价美元，万美元	Y42
	中国对该国OFDI，存量	现价美元，万美元	Y43
人文交流 Y5	文化中心	指数	Y50
	孔子学院数量	个	Y51
	欧洲文化（语言）中心在华数量	个	Y52

（二）中欧双边关系的指标说明

1. 政治关系

中欧双边关系评价体系政治关系分项中，选取伙伴关系、高层关系、外交访问、"一带一路"谅解备忘录、核心利益、联合声明等指标进行分析，指标基本涵盖双边政治合作领域，能够较为客观地反映双边政治合作的整体水平。

其中，伙伴关系指的是中国与欧洲国家政府之间所签署联合声明中所提出的伙伴关系级别，包括合作伙伴、全面合作伙伴、友好合作伙伴、全面友好合作伙伴、战略伙伴、全面战略伙伴等。但因伙伴关系名称众多，课题组针对其包含的合作效应难以做出量化处理，因此采取哑音变量的方式进行处理，数据根据外交部网站统计；高层关系衡量中国与欧洲各国高层之间交往程度，基于双边高层互访次数作为统计依据，数据根据外交部网站统计；外交访问是外交关系中工作层面的访问，成果较为务实，本研究为区别于高层访问将其单独作为衡量双边政治合作的指标之一，数据根据外交部网站统计；欧洲作为"一带一路"倡议辐射地区，中国与欧洲各国是否签署"一带一路"谅解备忘录显得至关重要，数据来源于经验统计；核心利益统计欧洲国家是否在5年内存在有损中国核心利益的行为，采取哑音变量的方式进行处理，数据来源于经验统计；联合声明统计中国与欧洲各国双边签署的联合声明数量，其中包括联合声明、联合公告等形式，数据根据外交部网站统计。

2. 贸易关系

中欧双边关系评价体系贸易关系分项中，选取中国对该国出口总值、中国从该国进口总值、中国出口产品占该国进口产品市场份额、该国出口中国产品占该国出口产品市场份额等指标进行分析，指标基本涵盖双边贸易合作领域，能够较为客观地反映双边贸易合作的整体水平。

其中，中国对该国出口总值衡量中国产品出口欧洲各国的规模，客观反映该国对中国产品的市场需求，数据来源于联合国贸易数据库；中国从该国进口总值衡量欧洲各国产品出口中国的规模，客观反映中国对该国产品的市场需求；中国出口产品占该国进口产品市场份额指的是该国进口产品中中国出口产品的占比，数据来源于联合国贸易数据库；该国出口中国产品占该国出口产品市场份额衡量该国对于中国市场的依赖程度，数据来源于联合国贸易数据库。

3. 金融关系

中欧双边关系评价体系金融关系分项中，选取货币与债券合作、中国在欧洲开设银行、欧洲国家在中国开设银行、人民币离岸市场建设以及是否存在中国企业在欧洲国家上市等指标进行分析，指标基本涵盖双边金融合作领域，能够较为客观地反映双边金融合作的整体水平。

其中，货币与债券合作指的是中国与欧洲国家开展双边本币互换协议、欧洲国家获取进入中国国债市场以及欧洲国家签署以人民币计价发行的国家债券协议，数据来源于经验统计；中国在欧洲开设银行表示中国是否在欧洲国家开设银行分支机构；欧洲国家在中国开设银行表示欧洲国家是否在中国开设银行分支机构，数据来源于经验统计；人民币离岸市场建设表示该欧洲国家是否参与人民币离岸结算、清算业务，数据来源于经验统计，指标选取哑音变量表示"1=是，0=否"；中国企业在欧洲国家上市表示在欧洲国家证券交易所是否存在中国企业上市挂牌进行融资活动，数据来源于经验统计。

4. 投资关系

中欧双边关系评价体系投资关系分项中，选取中国对该国对外直接投资流量、中国对该国对外直接投资存量、欧洲国家对华直接投资流量以及存量等指标进行分析，指标基本涵盖双边投资合作领域，能够较为客观地反映双边投资合作的整体水平。

其中，中国对该国对外直接投资流量反映中国对欧洲各国年度OFDI规模，显示当年中国对欧洲投资整体水平，数据来源于联合国贸发数据库；中国对该国对外直接投资存量反映中国对欧洲各国OFDI的累积量，数据同样来源于联合国贸发数据库；欧洲国家对华直接投资流量反映当年中国吸收欧洲国家投资资金水平，数据来源于《中国外资统计》；欧洲国家对华直接投资存量反映中国吸收欧洲国家投资资金的累积规模，数据同样来源于《中国外资统计》。

5. 人文交流

中欧双边关系评价体系人文交流分项中，选取文化中心、孔子学院数量以及欧洲文化（语言）中心在华数量等指标进行分析，指标基本涵盖双边人文交流领域，能够较为客观地反映双边人文交流的整体水平。

其中，文化中心指截止统计期限，中国、欧洲国家是否对彼此开设文化中心用来展现本国人文风采，同样使用哑音变量表示"1=是，0=否"，统计信息来自中国驻各国大使馆以及各国驻华大使馆官网；孔子学院数量表示中国在欧洲各国开设孔子学院数量，数据来源于孔子学院（汉办）官方网站；欧洲文化（语言）中心在华数量表示欧洲文化（语言）中心，如法语联盟、歌德学院、塞万提斯学院等在华设置机构情况，数据来源于相关机构的官方网站。

第三部分 中欧经贸关系发展分项报告

六 欧洲国家经贸环境报告

本报告基于计量模型对欧洲国家经贸环境指数以及各分项的计算结果，重点对这些结果进行归纳总结，主要分为两部分：

一方面，按照欧洲各国的各分项指数得分，进行各分项的横向分析。重点分析欧洲各国在各分项中的得分以及排名情况，根据排名情况客观梳理各分项中国别情况，以直观的方式展示欧洲各国经贸环境现状与格局。

另一方面，按照欧洲各国的经贸环境指数得分及各分项排名，对欧洲各国经贸环境进行整体把握。此外，根据重点国家在各分项的排名，分析其经贸环境的优势与不足之处。

在此值得强调本研究的评价依据，指数数值分布从1至100，"1"表示最差，"100"表示最好，指数数值越接近于100越优秀。

（一）欧洲国家行政环境分项分析

2017年欧洲国家行政环境指数排名靠前的十个国家依次是德国、英国、法国、瑞士、意大利、荷兰、西班牙、比利时、捷克、马耳他（见表5），其中分值在50以上为德国、英国、法国、瑞士和意大利。德国、英国、法国在欧洲国家中排名最靠前，体现出三国在自由度、廉洁度、政治稳定度、企业成本、法律权利力度等方面表现突出的特点。其中，德国政治稳定，高达81的廉洁度在欧洲仅次于北欧国家；英国虽然经历了首相更迭，但其经济自由度相对很高；法国本年完成了总统大选，政治维持稳定，并且法国具有开办企业成本低（占国民收入的 0.9%，在欧洲仅次于英国的 0.1%）的特点。分值在 10~40 分之间的有 18 个国家，占到了所评估的 36 个国家的一半。排名第八至第十的比利时、捷克和马耳他，分值仅为 38.01，25.69 和 24.69。这说明欧洲国家的行政环境指数普遍处于偏低的水平，其主要原因是许多欧洲国家的行政和法律体系效率低下，这导致了一方面企业开设成本偏高，另一方面司法程序冗长、法律执行力度弱。行政环境指数在 5 分以下的国家有 6 个，依次是马其顿、波黑、阿尔巴尼亚、塞尔维亚、冰岛、黑山。这些国家普遍存在开办企业成本高、法律权利力度小、执政周期短等方面的不足。

表5 欧洲国家行政环境指数及排名

国　家	指　数	排　名	国　家	指　数	排　名
德　国	100.00	1	丹　麦	18.33	19
英　国	71.74	2	挪　威	16.64	20
法　国	67.90	3	芬　兰	13.30	21
瑞　士	61.47	4	斯洛文尼亚	13.26	22
意大利	59.73	5	克罗地亚	13.12	23
荷　兰	48.58	6	塞浦路斯	11.35	24
西班牙	48.03	7	斯洛伐克	10.19	25
比利时	38.01	8	罗马尼亚	8.52	26
捷　克	25.69	9	立陶宛	8.11	27
马耳他	24.69	10	保加利亚	7.67	28
波　兰	24.35	11	爱沙尼亚	6.46	29
葡萄牙	23.92	12	拉脱维亚	5.65	30
卢森堡	23.87	13	马其顿	4.97	31
奥地利	23.67	14	波　黑	4.01	32
瑞　典	23.23	15	阿尔巴尼亚	4.00	33
匈牙利	22.29	16	塞尔维亚	3.89	34
希　腊	21.14	17	冰　岛	2.54	35
爱尔兰	20.68	18	黑　山	1.00	36

从欧洲国家行政环境格局看，行政环境较好依然是西欧地区，但中东欧部分国家，如捷克、波兰、匈牙利表现不俗。北欧地区行政环境处于中游水平，值得注意的是北欧国家在廉洁度方面的表现是欧洲最好的。中东欧大部分国家排名比较靠后，地区整体行政环境有待加强。

（二）欧洲国家宏观经济环境分项分析

2017年欧洲国家宏观经济环境指数排名靠前的十个国家依次是德国、英国、法国、瑞士、荷兰、比利时、意大利、瑞典、西班牙、挪威（见表6），其中分值在50以上的国家为德国、英国、法国、瑞士和荷兰。德国、英国、法国在欧洲国家中排名靠前，体现出三国在官方储备资产、人均GDP、固定资本形成、工业增加值、服务业附加值等方面表现突出的特点。其中，德国工业增加值高达9500亿美元，遥遥领先于第二位英国的4470亿美元；2017年英国通胀率上升明显，按消费者价格指数衡量的年通胀率达到112.5；法国在官方储备资产、固定资本形成总额等方面略微落后于德国，大规模的服务业附加值使得法国在宏观经济方面的表现不俗。分值在10~40的国家有19个，占到了所评估的36个欧洲国家数量的一半以上。即使排名第十的挪威，分值也仅为37.05。欧洲国家整体宏观经济环境指数偏低，反映了欧洲许多国家在经济增长以及工业增加值和服务业附加值方面的短板。宏观经济环境指数排名靠后的五个国家依次是希腊、保加利亚、阿尔巴尼亚、波黑、黑山。其中分值在5以下的是黑山和波黑。这些国家在宏观经济方面差强人意，存在很大的上升空间。

表6 欧洲国家宏观经济环境指数及排名

国家	指数	排名	国家	指数	排名
德国	100.00	1	波兰	23.48	19
英国	66.28	2	马耳他	22.04	20
法国	64.72	3	葡萄牙	17.14	21
瑞士	63.11	4	斯洛文尼亚	16.76	22
荷兰	51.97	5	爱沙尼亚	16.28	23
比利时	42.11	6	斯洛伐克	15.04	24

续表

国　家	指　数	排　名	国　家	指　数	排　名
意大利	41.46	7	立陶宛	12.78	25
瑞　典	40.70	8	罗马尼亚	12.34	26
西班牙	40.59	9	拉脱维亚	10.57	27
挪　威	37.05	10	克罗地亚	10.01	28
爱尔兰	36.85	11	塞尔维亚	8.91	29
卢森堡	36.48	12	塞浦路斯	8.83	30
捷　克	34.76	13	马其顿	7.92	31
奥地利	34.11	14	希　腊	7.70	32
匈牙利	33.98	15	保加利亚	7.37	33
丹　麦	33.68	16	阿尔巴尼亚	5.06	34
芬　兰	31.87	17	黑　山	4.10	35
冰　岛	31.03	18	波　黑	1.00	36

从欧洲国家宏观经济环境格局看，宏观环境较好依然是西欧传统工业国家，捷克、匈牙利在中东欧国家中表现最好，排名靠前。北欧地区宏观经济环境处于中游水平，中东欧大部分国家以及南欧的希腊、葡萄牙排名比较靠后，宏观经济环境有待加强。

（三）欧洲国家贸易环境分项分析

2017年欧洲国家贸易环境指数排名靠前的十个国家依次是德国、英国、法国、瑞士、荷兰、比利时、意大利、瑞典、西班牙、丹麦（见表7），其中分值在50分以上的国家为德国、英国、法国、瑞士和荷兰。德国、英国、法国在欧洲国家中排名靠前，具有进出口体量大、贸易竞争优势强、物流高效的特点。分值在10~40分的国家有19个，占到了所评估的36个国家的一半以上。排名第十的丹麦，得分仅39分。这主要跟这些国家的贸易体量相关。贸易环境指数排名靠后的五个国家依次是塞尔维亚、马其顿、黑山、波黑、阿尔巴尼亚。其中黑山、波黑和阿尔巴尼亚的分值在5以下。这些国家在海关关税税率、贸易优势等方面差强人意，使得与其开展国际贸易相对困难，贸易环境存在很大的上升空间。

表7 欧洲国家贸易环境指数及排名

国　　家	指　　数	排　　名	国　　家	指　　数	排　　名
德　国	100.00	1	波　兰	21.82	19
英　国	73.34	2	爱沙尼亚	20.29	20
法　国	68.20	3	葡萄牙	20.06	21
瑞　士	60.44	4	冰　岛	17.66	22
荷　兰	58.62	5	立陶宛	16.30	23
比利时	44.67	6	斯洛文尼亚	15.91	24
意大利	43.65	7	斯洛伐克	15.04	25
瑞　典	42.74	8	希　腊	12.17	26
西班牙	41.15	9	拉脱维亚	11.92	27
丹　麦	39.00	10	罗马尼亚	11.13	28
挪　威	38.88	11	克罗地亚	9.51	29
卢森堡	37.69	12	塞浦路斯	9.48	30
捷　克	36.97	13	保加利亚	7.57	31
匈牙利	36.17	14	塞尔维亚	6.45	32
奥地利	35.71	15	马其顿	6.21	33
芬　兰	33.99	16	黑　山	2.06	34
爱尔兰	32.45	17	波　黑	2.03	35
马耳他	22.07	18	阿尔巴尼亚	1.00	36

从欧洲国家贸易环境格局看，环境最好的地区是西欧地区，北欧地区整体贸易环境较好。中东欧地区、南欧地区整体排名比较靠后，贸易环境有待加强。

（四）欧洲国家金融环境分项分析

2017年欧洲国家金融环境指数排名靠前的十个国家依次是德国、英国、瑞士、法国、荷兰、比利时、意大利、西班牙、瑞典、爱尔兰（见表8）。其中分值在50以上的国家有德国、瑞士、英国、法国、荷兰。德国、瑞士、英国在欧洲国家中排名靠前，具有金融基础设施健全、利率水平合理、不良贷款率低的特点。分值在10~40的国家有20个，占到了所评估的36个国家的一半以上。金融环境指数排名靠后的五个国家依次是希腊、塞浦路斯、阿尔巴尼亚、波黑、黑山。受欧债危机影响，重债国希腊和塞浦路斯银行不良贷款占贷款总额的比率分别高达36.3%和47.7%，金融环境不佳。而阿尔巴尼亚、波黑和黑山的分值不足5分。

表8 欧洲国家金融环境指数及排名

国　家	指　数	排　名	国　家	指　数	排　名
德　国	100.00	1	马耳他	27.60	19
瑞　士	70.03	2	波　兰	25.52	20
英　国	65.91	3	斯洛文尼亚	20.08	21
法　国	64.10	4	爱沙尼亚	19.36	22
荷　兰	54.18	5	葡萄牙	18.99	23
比利时	44.51	6	斯洛伐克	17.30	24
意大利	44.25	7	立陶宛	15.47	25
西班牙	43.15	8	罗马尼亚	14.66	26
瑞　典	42.43	9	克罗地亚	12.13	27
爱尔兰	41.21	10	拉脱维亚	10.75	28
卢森堡	38.95	11	保加利亚	10.64	29
挪　威	37.82	12	马其顿	10.49	30
捷　克	37.39	13	塞尔维亚	9.07	31
奥地利	36.78	14	希　腊	9.02	32
丹　麦	35.04	15	塞浦路斯	7.53	33
匈牙利	33.15	16	阿尔巴尼亚	4.35	34
芬　兰	30.78	17	波　黑	1.85	35
冰　岛	28.63	18	黑　山	1.00	36

从欧洲国家金融环境格局看，金融环境最好的地区是西欧地区，北欧地区整体贸易环境较好，这些地区国家普遍具有金融业的先发优势，通过不断对接国际金融业务建立了较强的金融国际竞争力。相反，中东欧地区、南欧地区整体金融环境相对落后，加之南欧国家受欧债危机影响最为严重，整体排名比较靠后。

（五）欧洲国家投融资环境分项分析

2017年欧洲国家投融资环境指数排名靠前的十个国家依次是德国、英国、法国、荷兰、瑞士、意大利、比利时、西班牙、瑞典、卢森堡（见表9）。其中，分值在50以上的国家有德国、英国、法国、荷兰、瑞士和意大利。德国、英国、瑞士在欧洲国家中排名靠前，具有主权债券评级、投资率、储蓄率、利用外资、对外直接投资高的特点。分值在10～40分的国家有17个，占到所评估的36个国家的近一半。投融资环境指数排名靠后的五个国家依次是罗马尼亚、马其顿、黑山、波黑、阿尔巴尼亚。其中，除罗马尼亚之外，其他四国分值均在5分以下。这些国家主权债券评级均在BBB以下（金融机构视为不具有投资价值），金融部门提供的国内信贷严重不足，投融资环境不佳。

表9 欧洲国家投融资环境指数及排名

国家	指数	排名	国家	指数	排名
德国	100.00	1	冰岛	27.47	19
英国	78.87	2	马耳他	24.59	20
法国	73.40	3	希腊	22.12	21
荷兰	62.63	4	波兰	21.32	22
瑞士	56.84	5	斯洛文尼亚	20.25	23
意大利	54.19	6	塞浦路斯	18.96	24
比利时	49.63	7	爱沙尼亚	17.99	25
西班牙	48.76	8	立陶宛	13.80	26

续表

国　家	指　数	排　名	国　家	指　数	排　名
瑞　典	45.33	9	斯洛伐克	13.19	27
卢森堡	45.15	10	克罗地亚	13.17	28
挪　威	42.18	11	拉脱维亚	11.03	29
丹　麦	40.97	12	塞尔维亚	7.22	30
奥地利	38.61	13	保加利亚	6.65	31
匈牙利	38.16	14	罗马尼亚	6.41	32
芬　兰	37.51	15	马其顿	3.26	33
捷　克	34.15	16	黑　山	2.04	34
爱尔兰	33.59	17	波　黑	1.68	35
葡萄牙	28.22	18	阿尔巴尼亚	1.00	36

从欧洲国家投融资环境格局看，投融资环境最好的地区是西欧和北欧地区，南欧、中东欧地区整体排名比较靠后，整体投融资环境不佳。

（六）欧洲国家基础设施分项分析

2017年欧洲国家基础设施指数排名靠前的十个国家依次是德国、法国、英国、意大利、西班牙、荷兰、瑞士、比利时、捷克、匈牙利（见表10）。其中，分值在50以上的国家仅有德国、法国、英国三国。德国、法国、英国在欧洲国家中排名靠前，在互联网、铁路、航空、电力、医疗、港口等基础设施方面最为健全。分值在10～40分之间的国家有18个，占到所评估的36个国家的一半。欧洲国家在基础设施环境方面的分值偏低，反映了在基础设施建设领域的需求没有被得到充分满足。分值在5以下的有7个国家，它们是马其顿、黑山、塞尔维亚、阿尔巴尼亚、冰岛、塞浦路斯、波黑。波黑的指数仅为1。这些国家在铁路、航空等基础设施相关方面较为落后。其中塞浦路斯医疗卫生开支仅占政府支出的7.58%，是本报告36个欧洲国家中最低的，阿尔巴尼亚人均耗电量仅为2309千瓦时，是欧洲耗电量第一国家芬兰的1/7。整体上看，欧洲国家基础设施除排名前八位的国家指数在 30 以上外，其他国家得分均低于 30，反映欧洲国家整体完善基础设施建设、更新换代需求大的特点。

表 10　欧洲国家基础设施指数及排名

国　　家	指　数	排　名	国　　家	指　数	排　名
德　　国	100.00	1	爱尔兰	16.01	19
法　　国	66.83	2	卢森堡	14.47	20
英　　国	66.25	3	罗马尼亚	10.90	21
意大利	48.63	4	立陶宛	10.65	22
西班牙	40.20	5	爱沙尼亚	10.14	23
荷　　兰	39.28	6	斯洛文尼亚	9.89	24
瑞　　士	34.02	7	斯洛伐克	9.85	25
比利时	31.20	8	克罗地亚	9.27	26
捷　　克	26.34	9	拉脱维亚	9.21	27
匈牙利	23.51	10	马耳他	8.51	28
波　　兰	23.25	11	保加利亚	8.27	29
瑞　　典	23.00	12	马其顿	4.23	30
奥地利	21.10	13	黑　山	3.92	31
丹　　麦	18.26	14	塞尔维亚	3.44	32
挪　　威	17.98	15	阿尔巴尼亚	2.86	33
葡萄牙	17.65	16	冰　岛	2.55	34
芬　　兰	16.92	17	塞浦路斯	2.03	35
希　　腊	16.31	18	波　黑	1.00	36

从欧洲国家基础设施格局看，基础设施最好的是西欧传统工业国家，北欧国家次之，南欧国家如希腊、葡萄牙因海上优势在基础设施方面表现较为抢眼。相反是内陆国家（卢森堡）、中东欧国家排名比较靠后，基础设施有待改善。

(七) 欧洲国家社会环境分项分析

2017年欧洲国家社会环境指数排名靠前的十个国家依次是德国、英国、法国、瑞士、荷兰、意大利、西班牙、比利时、瑞典、卢森堡（见表11）。其中，分值在50以上的国家有德国、英国、法国、瑞士、荷兰。德国、英国、法国在欧洲国家中排名靠前，良好社会环境的基础是其较大的人均医疗卫生支出和人均最终消费支出。分值在10~40分之间的国家有23个。社会环境指数排名靠后的五个国家依次是保加利亚、波黑、阿尔巴尼亚、黑山、塞尔维亚。其中黑山和塞尔维亚的分值不足5分。这些国家在医疗卫生、劳动人口、人均消费等方面较为落后。其中阿尔巴尼亚人均居民最终消费支出仅为3567美元，是德国的1/8，瑞士的1/12。

表11 欧洲国家社会环境指数及排名

国 家	指 数	排 名	国 家	指 数	排 名
德 国	100.00	1	波 兰	25.90	19
英 国	70.40	2	冰 岛	23.71	20
法 国	66.83	3	葡萄牙	21.90	21
瑞 士	66.68	4	斯洛文尼亚	19.10	22
荷 兰	58.45	5	斯洛伐克	18.72	23
意大利	48.84	6	塞浦路斯	17.86	24
西班牙	45.44	7	爱沙尼亚	16.91	25
比利时	44.98	8	立陶宛	15.66	26
瑞 典	41.79	9	克罗地亚	14.61	27
卢森堡	41.49	10	罗马尼亚	14.43	28
挪 威	38.76	11	希 腊	13.41	29
匈牙利	38.52	12	拉脱维亚	12.60	30
捷 克	38.31	13	马其顿	11.34	31
丹 麦	36.53	14	保加利亚	10.82	32
奥地利	36.45	15	波 黑	10.09	33
爱尔兰	36.15	16	阿尔巴尼亚	7.46	34
马耳他	30.73	17	黑 山	4.32	35
芬 兰	29.45	18	塞尔维亚	1.00	36

从欧洲国家社会环境格局看，社会环境最好的是西欧传统工业国家、北欧国家、匈牙利、捷克、希腊、大部分中东欧国家社会环境有待改善。

（八）欧洲国家创新能力分项分析

2017 年欧洲国家创新能力指数排名靠前的十个国家依次是德国、英国、法国、瑞士、荷兰、意大利、比利时、西班牙、瑞典、挪威（见表 12）。其中，分值在 50 以上的国家有德国、英国、法国、瑞士和荷兰。德国、英国、法国在欧洲国家中排名靠前，专利申请量、商标申请总数、研发支出均高于欧洲其他国家。分值在 10～40 之间的国家有 21 个。创新能力排名靠后的五个国家依次是马其顿、波黑、塞尔维亚、阿尔巴尼亚、黑山。其中，除了马其顿之外，其他四国的分值不足 5 分。这些国家专利申请量均为个位数，与数以千计的西欧国家相差甚远，研发支出占 GDP 的比例也是微乎其微。整体上看，欧洲老牌工业国家创新能力均排名靠前，北欧国家以及匈牙利、捷克等中东欧国家已成为欧洲创新技术的生力军。值得一提的是，虽然北欧地区在印象中是创新集中区域，但从本研究所归纳创新能力指标上看，2016 年瑞典专利申请量为 390 个，而同期法国为 1994 个，德国高达 19509 个，差距明显。

表 12 欧洲国家创新能力指数及排名

国 家	指 数	排 名	国 家	指 数	排 名
德 国	100.00	1	冰 岛	22.10	19
英 国	70.32	2	葡萄牙	20.45	20
法 国	68.23	3	马耳他	19.61	21
瑞 士	59.12	4	爱沙尼亚	19.12	22
荷 兰	55.00	5	斯洛文尼亚	17.48	23
意大利	45.39	6	立陶宛	15.61	24
比利时	43.09	7	斯洛伐克	15.06	25
西班牙	42.60	8	希 腊	13.56	26

续表

国　家	指　数	排　名	国　家	指　数	排　名
瑞　典	42.56	9	拉脱维亚	11.87	27
挪　威	39.71	10	罗马尼亚	11.18	28
丹　麦	37.49	11	克罗地亚	10.81	29
卢森堡	37.35	12	塞浦路斯	10.14	30
匈牙利	36.84	13	保加利亚	8.82	31
捷　克	36.44	14	马其顿	6.28	32
奥地利	35.69	15	波　黑	2.55	33
芬　兰	32.87	16	塞尔维亚	1.63	34
爱尔兰	32.81	17	阿尔巴尼亚	1.14	35
波　兰	22.44	18	黑　山	1.00	36

从欧洲国家创新能力格局看，创新能力最好的是西欧传统工业国家、北欧国家、匈牙利和捷克，南欧国家、大部分中东欧国家创新能力不足。

七 中欧双边关系报告

本报告基于计量模型对中欧双边关系指数以及各分项的计算结果，重点对这些结果进行归纳总结，主要分为两部分：

一方面，按照中欧双边关系指数的各分项指数得分，进行各分项的横向分析。重点分析中国与欧洲各国在各分项中的得分以及排名情况，根据排名情况客观梳理各分项中的国别情况，以直观的方式展示中国与欧洲各国双边关系的现状与格局。

另一方面，按照中欧双边关系指数得分及各分项排名，对中国与欧洲各国双边经贸关系进行整体把握。此外，根据中国与重点国家在各分项的排名，分析其双边关系的优势与不足之处。

在此值得强调本研究的评价依据，指数数值分布从1至100，"1"表示最差，"100"表示最好，指数数值越接近于100越优越。

（一）中欧政治关系分项分析

2017年中欧政治关系指数排名靠前的十个国家依次是英国、波兰、德国、匈牙利、法国、塞尔维亚、荷兰、意大利、西班牙、比利时（见表13）。其中，分值在50以上的国家有英国、波兰、德国、匈牙利、法国、塞尔维亚、荷兰、意大利8国。位于前5位的是英国、波兰、德国、匈牙利、法国，他们与中国政治关系最为密切，在伙伴关系、高层访问、外交访问、"一带一路"倡议、联合声明等方面合作频繁。随着中国与中东欧国家合作的不断推进，捷克、保加利亚等与中国的双边政治关系也不断加强。在北欧国家中，挪威排名最后，居第30位。此外，中国与排名靠后的波黑、斯洛文尼亚、黑山、马耳他、塞浦路斯等国家,在政治关系方面的合作和交流有待深化。

表 13　中欧双边政治关系指数及排名

国　家	指　数	排　名	国　家	指　数	排　名
英　国	100.00	1	芬　兰	27.45	19
波　兰	90.94	2	罗马尼亚	26.46	20
德　国	86.14	3	葡萄牙	26.10	21
匈牙利	84.16	4	爱尔兰	25.72	22
法　国	74.65	5	马其顿	23.38	23
塞尔维亚	62.33	6	奥地利	23.21	24
荷　兰	60.80	7	瑞　士	22.96	25
意大利	56.65	8	克罗地亚	20.89	26
西班牙	45.70	9	斯洛伐克	20.36	27
比利时	44.36	10	冰　岛	16.02	28
瑞　典	43.42	11	爱沙尼亚	15.87	29
捷　克	40.15	12	挪　威	12.27	30
保加利亚	39.58	13	立陶宛	12.07	31
希　腊	34.98	14	波　黑	9.95	32
丹　麦	30.76	15	斯洛文尼亚	9.48	33
阿尔巴尼亚	29.31	16	黑　山	6.07	34
拉脱维亚	29.10	17	马耳他	3.49	35
卢森堡	28.88	18	塞浦路斯	1.00	36

从中欧政治关系格局看,政治关系最好的是西欧、北欧等近年来经贸合作较为密切的国家,中国与传统友好国家如塞尔维亚的政治合作也较为密切。中国与部分中东欧国家、塞浦路斯、马耳他等在政治关系方面有待深化交流。

(二)中欧贸易关系分项分析

2017年中欧贸易关系指数排名靠前的十个国家依次是德国、英国、波兰、荷兰、法国、瑞士、匈牙利、意大利、瑞典、马耳他（见表14）。其中，分值在50以上的国家有德国、英国、波兰、荷兰、法国、瑞士等6国。排名前5位的是德国、英国、波兰、荷兰和法国，他们与中国贸易关系最为密切，双边贸易量、彼此市场占有率较大。匈牙利和阿尔巴尼亚在中东欧国家中也表现突出，分别位于第七位和第十一位。中国与排名靠后的塞浦路斯、黑山、冰岛、爱沙尼亚、波黑等国家，在贸易合作方面有待加强。

表14 中欧双边贸易关系指数及排名

国家	指数	排名	国家	指数	排名
德国	100.00	1	芬兰	19.29	19
英国	94.61	2	拉脱维亚	17.88	20
波兰	63.95	3	希腊	17.76	21
荷兰	63.50	4	斯洛伐克	15.81	22
法国	62.26	5	保加利亚	15.74	23
瑞士	50.56	6	爱尔兰	15.65	24
匈牙利	47.82	7	奥地利	13.77	25
意大利	44.72	8	葡萄牙	13.55	26
瑞典	38.53	9	卢森堡	13.09	27
马耳他	35.13	10	克罗地亚	12.19	28
阿尔巴尼亚	32.70	11	斯洛文尼亚	11.85	29
西班牙	28.14	12	马其顿	7.92	30
丹麦	27.17	13	立陶宛	7.08	31
捷克	26.93	14	塞浦路斯	6.31	32
塞尔维亚	24.53	15	黑山	3.04	33
比利时	24.38	16	冰岛	3.03	34
挪威	22.21	17	爱沙尼亚	1.49	35
罗马尼亚	19.88	18	波黑	1.00	36

从中欧贸易关系格局看，贸易关系最好的是西欧、部分北欧等传统贸易伙伴，中国与部分中东欧国家以及塞浦路斯、冰岛等在贸易领域的合作有待深化。

(三) 中欧金融关系分项分析

2017年中欧金融关系指数排名靠前的十个国家依次是英国、荷兰、德国、法国、波兰、匈牙利、瑞士、意大利、西班牙、瑞典（见表15）。其中，分值在50以上的国家有英国、荷兰、德国、法国和波兰。英国、荷兰、德国、法国、波兰、匈牙利与中国金融关系最为密切，中国在这些国家均开设分行并着手人民币离岸市场建设，此外双边长期开展货币互换、债券合作机制。中国与排名靠后的爱沙尼亚、黑山、冰岛、马其顿、波黑等国家，在金融合作方面有待加强。

表15 中欧双边金融关系指数及排名

国家	指数	排名	国家	指数	排名
英国	100.00	1	希腊	22.75	19
荷兰	96.62	2	芬兰	19.88	20
德国	79.40	3	葡萄牙	19.71	21
法国	60.70	4	拉脱维亚	18.31	22
波兰	58.14	5	斯洛文尼亚	18.02	23
匈牙利	47.06	6	罗马尼亚	17.00	24
瑞士	43.85	7	保加利亚	16.14	25
意大利	43.14	8	爱尔兰	16.06	26
西班牙	38.89	9	奥地利	15.65	27
瑞典	38.18	10	立陶宛	12.05	28
马耳他	36.53	11	塞浦路斯	11.87	29
比利时	29.80	12	斯洛伐克	10.97	30
塞尔维亚	28.99	13	克罗地亚	10.15	31
卢森堡	28.10	14	爱沙尼亚	7.32	32
阿尔巴尼亚	27.71	15	黑山	6.46	33
丹麦	26.07	16	冰岛	5.14	34
捷克	26.05	17	马其顿	1.36	35
挪威	24.38	18	波黑	1.00	36

从中欧金融关系格局看,金融关系最好的是西欧、部分北欧、中东欧等金融基础较好的国家,中国与部分中东欧国家在金融领域的合作有待深化。

(四) 中欧投资关系分项分析

2017年中欧投资关系指数排名靠前的十个国家依次是英国、德国、荷兰、波兰、法国、匈牙利、意大利、瑞士、瑞典、比利时(见表16)。其中,英国、德国、荷兰的分值在90分以上。英国、德国、荷兰、波兰、法国与中国投资关系最为密切,双边投资具有流量大、存量足的特点。此外,匈牙利和意大利的分值也在50以上。中国与排名靠后的立陶宛、爱沙尼亚、波黑、冰岛、黑山等国家,在投资合作方面有待加强,这些国家的分值均在10以下,冰岛、黑山甚至在5以下。

表16 中欧双边投资关系指数及排名

国家	指数	排名	国家	指数	排名
英国	100.00	1	芬兰	28.83	19
德国	93.55	2	保加利亚	28.63	20
荷兰	93.04	3	拉脱维亚	28.52	21
波兰	69.40	4	爱尔兰	26.21	22
法国	64.95	5	挪威	25.97	23
匈牙利	54.08	6	斯洛伐克	21.29	24
意大利	51.94	7	葡萄牙	20.98	25
瑞士	39.52	8	克罗地亚	19.59	26
瑞典	39.06	9	斯洛文尼亚	17.24	27
比利时	37.33	10	奥地利	15.24	28
西班牙	36.30	11	马其顿	15.08	29
塞尔维亚	33.89	12	塞浦路斯	11.42	30

续表

国　家	指　数	排　名	国　家	指　数	排　名
马耳他	33.84	13	卢森堡	10.00	31
丹　麦	33.73	14	立陶宛	9.78	32
捷　克	33.63	15	爱沙尼亚	7.75	33
希　腊	31.90	16	波　黑	6.80	34
阿尔巴尼亚	31.68	17	冰　岛	4.84	35
罗马尼亚	29.02	18	黑　山	1.00	36

从中欧投资关系格局看，投资关系最好的西欧国家与中国的相互投资存量均较大，而近年来中国对匈牙利、塞尔维亚、阿尔巴尼亚等转型经济体投资量不断加大，因此与中国投资合作密切的国家集中于西欧与中东欧地区。

（五）中欧人文交流分项分析

2017年中欧人文交流指数排名靠前的十个国家依次是英国、德国、荷兰、法国、波兰、匈牙利、意大利、西班牙、比利时、塞尔维亚（见表17）。其中，英国和德国的分值在90以上。英国、德国、荷兰、法国、波兰与中国的人文交流最为密切，体现于在华语言中心的设立、双边文化中心的设立和更多数量的孔子学院。匈牙利的分值也在50以上。中国与排名靠后的冰岛、塞浦路斯、黑山、爱沙尼亚、波黑等国家，在人文交流方面有待加强。

表17　中欧洲双边人文交流指数及排名

国　家	指　数	排　名	国　家	指　数	排　名
英　国	100.00	1	丹　麦	22.99	19
德　国	98.55	2	瑞　士	22.41	20
荷　兰	75.04	3	卢森堡	20.91	21

续表

国　家	指　数	排　名	国　家	指　数	排　名
法　国	69.19	4	拉脱维亚	20.44	22
波　兰	61.74	5	阿尔巴尼亚	18.16	23
匈牙利	53.57	6	奥地利	18.11	24
意大利	44.34	7	马其顿	12.08	25
西班牙	43.49	8	挪　威	11.16	26
比利时	39.58	9	斯洛伐克	9.98	27
塞尔维亚	37.53	10	马耳他	9.70	28
希　腊	30.10	11	克罗地亚	9.12	29
瑞　典	28.71	12	立陶宛	8.65	30
葡萄牙	26.92	13	斯洛文尼亚	7.93	31
保加利亚	25.43	14	冰　岛	5.08	32
爱尔兰	24.36	15	塞浦路斯	3.03	33
罗马尼亚	24.09	16	黑　山	2.13	34
芬　兰	23.99	17	爱沙尼亚	1.47	35
捷　克	23.95	18	波　黑	1.00	36

　　从中欧人文交流格局看，与中国人文交流最为密切的是西欧、北欧、和部分中东欧国家，中国在与中东欧地区人文交流方面依然存在很大的发展空间。

第四部分　中欧双边经贸关系发展路径及政策建议

八　中欧双边经贸关系发展路径及政策建议

本报告通过欧洲国家经贸环境指数和中欧双边关系指数两项研究成果，全面、客观、科学地衡量欧洲36国经贸环境水平、中国与欧洲36国双边关系水平。在欧洲国家经贸环境指数方面，研究基于欧洲各国行政、宏观经济、贸易、金融、投融资、基础设施、社会、创新能力等指标数据，并运用计量模型科学计算指数，体现欧洲各国经贸环境发展程度，为经贸先行背景下的中欧合作提供参考；在中欧双边关系指数方面，研究基于中国与欧洲各国在政治、贸易、金融、投资、人文交流等方面关系的指标数据，量化计算中欧双边关系指数，体现中欧双边关系的水平与进展。本研究的评价依据，指数数值分布从1至100，"1"表示最差，"100"表示最好，指数数值越接近于100越优越。

（一）欧洲国家经贸环境与中欧双边关系的格局

1. 欧洲国家经贸环境

在欧洲国家经贸环境方面，总体上看，德国一家独大，英国和法国构成第二梯队。分值在50分以上的国家还有瑞士和荷兰。这5个国家构成了前5名，保持领先水平。

德国在行政、宏观经济、贸易、金融、投融资、基础设施、社会、创新能力等各个方面均显示出领先水平。英国仅次于德国，经贸环境排名第二，英国在金融环境方面略落后于瑞士，在基础设施方面略落后于法国。法国经贸环境整体占优，在金融环境的塑造方面有待加强。荷兰具有较好的投融资环境，但行政环境和基础设施方面有待加强。

经贸环境分值在30~50之间的国家还有意大利、西班牙、比利时、瑞典、卢森堡、捷克、挪威、奥地利、匈牙利、丹麦、爱尔兰等国。意大利需要提升宏观经济、贸易、金融环境以及创新能力，以形成更佳的经贸环境。比利时在宏观经济环境和贸易环境方面强于西班牙，但基础设施有待提高。瑞典在行政环境方面、卢森堡在基础设施方面均有待提高。

捷克虽然排名在第11位，但投融资环境和创新能力相对较弱。挪威则被行政环境拖了后腿。奥地利各项指标中庸，贸易环境、社会环境和创新能力有待进一步提高。匈牙利基础设施环境良好，但受制于行政环境、金融环境的影响。丹麦虽然在贸易环境和创新能力方面突出，但受到了行政环境的拖累。爱尔兰的金融环境和宏观经济环境得到显著改善，但基础设施和行政环境有待改善。

经贸环境指数得分位于15~30之间的分别是芬兰、波兰、马耳他、葡萄牙、冰岛、斯洛文尼亚和爱沙尼亚，主要以北欧、南欧、中东欧国家组成。芬兰的行政环境稍显不足。波兰虽然在基础设施和行政环境方面比较突出，但投融资环境和金融环境影响了它的排名。马耳他的行政环境较好，但基础设施需要改善。葡萄牙的行政环境和基础设施条件较好，但在投融资环境方面有待改善。冰岛的行政环境和基础设施严重影响了它的排名。斯洛文尼亚各项指标相对中庸，贸易环境和基础设施有改善的可能。爱沙尼亚亟须改善行政环境。

经贸环境指数15分以下的除重债国希腊和塞浦路斯外全为中东欧国家，这些国家普遍存在各方面得分均较低的特点，各国在提升经贸环境方面还存在很大的空间。

2. 中欧双边关系

中欧双边关系方面，呈现出与经贸环境中德国一家独大的状况明显不同的情况。英国排名第一，与德国一起构成了第一梯队。荷兰孤独位于第二梯队。波兰、法国与匈牙利一起构成第三梯队。这些国家同中国的双边关系分值均在50分以上，引领中国同欧洲国家双边关系的发展。

中国与英国双边关系最为密切，在政治、金融、投资以及人文交流领域合作水最高，排名第一，在贸易关系方面仅次于德国。中国与德国在贸易关系方面最为密切，政治关系有待加强。中国与荷兰在金融关系方面仅落后于英国，但双边政治关系仅排名第七位。中波凭借良好的双边政治关系和贸易关系，在中欧双边关系中排名第四位。中国与法国在金融关系、人文交流方面有所表现，在整体双边关系中排名第五位。紧随其后的匈牙利在政治关系方面表现突出。

双边关系环境指数得分位于30~50之间的有意大利、瑞典、西班牙、塞尔维亚、瑞士、比利时、捷克等国。意大利与中国在各领域的交流合作全面，排名第七位。中国与瑞典在人文交流和政治关系领域，与西班牙在贸易和投资领域有待提高。中国与塞尔维亚在政治关系方面合作密切，但在贸易合作和金融关系、投资关系方面仍需努力。中国与瑞士在贸易、金融和投资领域的合作较为突出，但在政治关系和人文交流领域仍需加强。中国与比利时的关系受益于人文交流、政治关系和投资关系，但在贸易关系方面仍需改进。中国与捷克的政治关系近年来大幅改善，但在人文交流、金融关系和投资关系领域仍有进一步改善的空间。

双边关系环境指数得分位于15~30之间的分别是阿尔巴尼亚、丹麦、希腊、马耳他、保加利亚、芬兰、罗马尼亚、拉脱维亚、爱尔兰、葡萄牙、卢森堡、挪威、奥地利、斯洛伐克，主要以北欧、南欧、中东欧国家组成。中国与这些国家经贸关系可圈可点，根据各国各分项得分情况，中国与这些国家在双边关系中均存在某些有待提升的方面，这也是未来中国与之提升经贸合作的切入点。

双边关系指数15以下除塞浦路斯、冰岛外均为中东欧国家。相对而言，这些国家在各方面与中国关系水平较低。虽然近年来中国-中东欧合作推动了中国与这些国家双边关系的发展，但同欧洲其他区域的国家相比，中国与中东欧国家双边关系提升的空间依然较大。

3. 坐标轴分析

通过对经贸环境与双边关系的动态比较发现，一方面，中国与英国、法国、荷兰、匈牙利、波兰、希腊、罗马尼亚、拉脱维亚、保加利亚、塞尔维亚、阿尔巴尼亚等国家双边关系水平大于该国经贸环境水平，反映出中国与上述国家双边关系较好但经贸环境条件不足的事实，相关国家可以在与中国保持现有双边关系成果基础上，发挥合作潜力以及自身优势以提升自身经贸环境现状。

另一方面，中国与德国、意大利、瑞士、西班牙、比利时、卢森堡、挪威、爱尔兰、奥地利、瑞典、葡萄牙、斯洛伐克、芬兰、塞浦路斯、黑山、斯洛文尼亚、克罗地亚、马其顿、爱沙尼亚、冰岛、波黑等国家双边关系水平低于该国经贸环境水平，反映出中国与上述国家双边关系水平与其经贸环境不匹配，中国与上述国家双边合作存在进一步发展空间，同时这些国家可以作为深化中欧关系下一阶段关注与跟进的重点。

（二）深化中欧双边关系的政策建议

基于本报告研究结论，建议深化中欧双边关系主要围绕两个基本思路开展。一方面，针对与中国双边关系水平大于该国经贸环境水平的国家，应在保持双边关系稳固的基础上，结合这些国家经贸环境各分项的优劣势，发挥优势，弥补劣势，开展有针对性的合作，在改善这些国家经贸环境的同时，实现互利共赢；另一方面，针对与中国双边关系水平低于该国经贸环境水平的国家，应结合这些国家现有经贸环境以及各分项的优势，找到科学的经贸合作切入点，深化合作，以提升双边关系水平。

本报告提出以下进展路径及政策建议：

首先，欧洲国家经贸环境表现出西欧国家整体优势明显、南欧和北欧国家居中、中东欧国家有待改善的格局，各国在各分项中的表现不一。中国与欧洲国家双边关系表现出与西欧和部分中东欧国家最好、北欧和南欧国家次之、部分中东欧国家有待加强的格局，与各国在各分项关系方面的合作力度也不尽相同。建议针对双边关系，在分析该国经贸环境及各方面优劣势的基础上，结合中国与该国双边关系现状，扬长避短，深入发挥该国优势环境，同时避开劣势环境，从而形成良性循环的互利共赢局面。

其次，欧洲国家经贸环境及中欧双边关系各分项的结论表明，欧洲整体在基础设施方面存在较大提升需求，而中国与欧洲整体在政治关系方面水平最高，其次是投资关系[①]。建议中欧合作的科学路径可制定为以政治合作为基础，以基础设施为突破口，加大双边投资领域合作，提升欧洲地区基础设施水平以实现互联互通。此外中欧在金融方面的合作有待加强，找准重点国家发展金融合作对象，如瑞士金融环境排名前列，但中瑞间的金融合作存在很大提升空间。

再次，通过对经贸环境与双边关系的动态比较发现，德国、法国、意大利坐标非常接近趋势线，反映出中国与三国双边关系的发展与其自身经贸环境相匹配。同样匹配的还有瑞典、马耳他和马其顿，只是其发展深度不及以上三国。在经贸环境与双边关系较不匹配的国家中，中国与英国、荷兰、匈牙利、波兰、希腊、罗马尼亚、拉脱维亚、保加利亚、塞尔维亚、阿尔巴尼亚等国家双边关系水平较好，但上述国家经贸环境条件不足，与双边合作水平不匹配。在此情境下，双边合作应做好风险控制，特别是针对宏观经济与金融环境较落后的国家，如塞尔维亚、阿尔巴尼亚。此外，中国与瑞士、西班牙、比利时、卢森堡、挪威、爱尔兰、奥地利、葡萄牙、斯洛伐克、芬兰、塞浦路斯、黑山、斯洛文尼亚、克罗地亚、罗马尼亚、爱沙尼亚、冰岛、波黑等国家双边关系水平低于上述国家的经贸环境水平，双边合作存在进一步发展空间，可以作为深

---

① 在欧洲36个国家经贸环境评估体系中，行政环境、宏观经济环境、贸易环境、金融环境、投融资环境、基础设施、社会环境以及创新能力指数得分的均值分别为24.50、28.56、29.23、30.12、31.68、21.33、31.38以及29.07，基础设施方面均值最低；在中国与欧洲36个国家双边关系评估体系中，政治关系、贸易关系、金融关系、投资关系以及人文交流指数得分的均值分别为35.68、27.87、29.54、33.50以及28.75，反映出政治关系均值最高、整体水平最好，投资关系次之的特点。

化中欧关系下一阶段关注与跟进的重点。

最后，从国别分析视角观察，中国与欧洲各国在细分领域的合作基本符合该国经贸环境现状，例如英国金融环境处于领先水平，中英之间金融合作最为紧密，黑山金融环境相对落后，中黑间金融合作进展缓慢。此外，存在相对不匹配的情况，例如瑞典贸易环境优越，但中国与瑞典双边贸易关系有待加强；瑞士金融环境优越，但中瑞双边金融关系需要得到加强。这些都为中欧关系推进的科学性、可持续性以及风险预警能力提供了科学证据。扩展研究对象，进一步找准欧洲各国经贸环境强势领域以及中国与欧洲各国双边关系有待提升领域的交集，对于今后中欧关系的深化，特别是具体到国别合作显得至关重要。

图书在版编目(CIP)数据

中国与欧洲国家经贸关系评估报告.2017年/陈新，杨成玉，胡琨著. -- 北京：社会科学文献出版社，2018.5
ISBN 978-7-5201-1920-7

Ⅰ.①中… Ⅱ.①陈… ②杨… ③胡… Ⅲ.①对外经贸合作-经济贸易关系-研究报告-中国、欧洲-2017 Ⅳ.①F125.55

中国版本图书馆CIP数据核字（2017）第297851号

中国与欧洲国家经贸关系评估报告（2017年）

著　　者／陈　新　杨成玉　胡　琨

出 版 人／谢寿光
项目统筹／祝得彬
责任编辑／刘　娟

出　　版／社会科学文献出版社·当代世界出版分社(010)59367004
　　　　　地址：北京市北三环中路甲29号院华龙大厦　邮编：100029
　　　　　网址：www.ssap.com.cn

发　　行／市场营销中心（010）59367081　59367018
印　　装／三河市东方印刷有限公司

规　　格／开　本：787mm×1092mm　1/16
　　　　　印　张：4.25　字　数：63千字
版　　次／2018年5月第1版　2018年5月第1次印刷
书　　号／ISBN 978-7-5201-1920-7
定　　价／58.00元

本书如有印装质量问题，请与读者服务中心（010-59367028）联系

▲ 版权所有 翻印必究